コースで役立つ
状況別
アプローチメソッド

PGAトーナメントプレイヤー
岩男健一［著］

わっほー・まっちゃんと学ぶ！

アプローチ技術のすべて

TOYOKAN BOOKS

はじめに

ゴルフのスコアは
アプローチで変わる！

実際のコースで役立つ状況別アプローチメソッド

アプローチで最初にしなければならないのは、実はライの確認。まず、ボールの状況を見極めて、それに応じた打ち方を選択するのが、アプローチ成功の条件なんです。この本で状況別のアプローチを極めましょう。

2020年4月から始めたYouTubeチャンネル『わっほーまっちゃんの日常』は、〝まっちゃん〟こと松本雄友の明るいキャラクターもあって、現在はチャンネル登録者数が13万人を超えて、多くのゴルファーの方に見ていただくようになりました（※2024年8月現在）。

それまで、決して知名度が高かったわけではない僕たちの動画を皆さんに見ていただけるようになっ

たのは、競技ゴルファーとして取り組んでいる僕たちの技や考え方が、一般ゴルファーの方にとって新鮮だったからではないかと感じています。

　この本ではその中でも特に皆さんの関心が高かった、「アプローチ」についてまとめました。体の動かし方や形にこだわりがちな一般的なレッスンとは一味違った、より実践的なノウハウを紹介しています。スコアアップには、アプローチ技術の向上が欠かせませんからね。

　意外と見落とされがちなのですが、アプローチでまず第一に確認したいのは、ライの確認です。ライとはボールの状態のこと。ボールがどこにあって、どんな状況にあるかをまずチェックするのです。

　ライによって、打てる球は自ずと決まってきます。地面が硬かったり、左足下がりや芝が薄いライでは、ボールを上げるのは難しくなります。そんなときは、ボールを上げたほうがピンに寄りそうであっても、高い球を打つ選択はしないのが無難でしょう。

　僕たちは普段から58度のウェッジを多用していて、ほとんどのアプローチを58度で行っています。しかし、ライによっては58度では明らかに難しく、ほぼ成功が期待できない場合もあります。そのときは、ロフト角の立ったクラブを選ぶしかないのです。

　地面が硬いのか、柔らかいのか。芝が薄いのか、ふかふかしてボールが浮いているのか。順目なのか、逆目なのか。僕たちはそんなライの状況を一瞬で判断して、それに適した打ち方を選択して、ピンに寄せていきます。

　それが僕たちの状況別アプローチメソッドです。まずライを見極めて、それに合った打ち方でやさしく寄せていくテクニックです。この本では、単に打ち方だけでなく、状況に応じて柔軟に対応する、賢いゴルファーとしての考え方を紹介しています。

　そして、ライに応じてどんな打ち方をすればいいのか？　様々な状況での打ち方を解説しました。中には技術的に難しいものもあるのですが、難易度別に分けて紹介しているので、必要に応じて少しずつ習得してください。

　その意味ではこの本を活用するのに腕前は関係ありません。考え方を学び、それに応じた技術を磨いて、ぜひ皆さんのアプローチに役立ててください。

2024年8月　岩男健一

CONTENTS

わっほー・まっちゃんと学ぶ!

アプローチ技術のすべて

―コースで役立つ状況別アプローチメソッド―

第1章 わっほー講座【理論】

ゴルフのアプローチは
シンプルに考える

第2章 わっほー講座【実践・初級編&中級編】

100切り&80台を目指すためのアプローチ技術を身に付ける

目指すべき最初の壁は「100切り!」

初級編 ENTRY

第3章

わっほー講座［実践・上級編］

シングルを目指すためのアプローチ技術を身に付ける

「シングル」を目指すために！

上級編 CHALLENGE

第4章

わっほー講座【実践・応用編】

トラブルの状況からピンに寄せる

トラブルをチャンスに変える！

第1章

YouTubeチャンネル
「わっほーまっちゃんの日常」

ゴルフのアプローチは シンプルに考える

わっほー講座

理論

考えるアプローチを実践しよう！

動画とセットで理論を学ぼう！

MOVIE

- アプローチのアドレス
- アプローチ上達練習法

戦略でスコアは10打縮まる！

アプローチの考え方

アプローチをする際は、「ライの判断」→「ピン位置の確認」→「クラブ選択」→「ショット」という流れで行います。寄せ方よりも、まずはライを確認しましょう。

その状況で打てる球を
まず見極める！

考えるアプローチを実践しよう

アプローチの状況になったときに、まず皆さんは何を考えますか？

残り距離や使う番手、落とし場所を考える人も多いでしょうし、上級者の方であれば、球の高さやスピンをかけたりすることを考えるかもしれません。

しかし、まず第一に考えていただきたいのは、ボールが置かれている状況、つまり、ライの確認です。

フェアウェイなのか、ラフなのか。ラフならどのくらい芝が伸びていて、沈んでいるのか浮いているのかを見なくてはいけません。

ライの状況次第では、直接ピンを狙わないということも。芝や斜面の状況、ピン位置、天候などをしっかりと確認しましょう。

アプローチミスの原因の1つに挙げられるのが「手打ち」。ショット前にしっかりと素振りを行うことで、そのミスを防ぐことができます。

POINT

アプローチで一番最初に考えるのは、ライの確認です。そこから、確率高く打てるのはどんな打ち方なのかを考えます。その打ち方をベースに、実際に寄せ方を考えます。球筋のイメージをつくって、そこからクラブ選択を考え、イメージに合った素振りを行います。

大事なのは、順目なのか逆目なのかということです。逆目になると難度が全く変わります。ヘッドが突っかかりやすい逆目では、アプローチはかなり難しくなるので、まずしっかりとコンタクトして、ミスをしないことを考えないといけません。

ベアグラウンドやバンカー、強い傾斜など、ゴルフ場には実に様々な状況があります。場合によっては、全く球が上げられないような状況もあるでしょう。

つまり、現在のボールがどういう状況にあるのか、そしてその状況なら、どんな球を打つことが可能なのかをまず考える必要があるのです。

寄せ方を考えるのは、そこから先の話です。

アプローチはアドレスが9割！

アプローチのアドレス

イメージ通りに打つためには、何よりもアドレスが大切です。体の向き、体重配分など、正しい構えを身に付けましょう。

スタンスはオープン、胸の向きはスクエア！

基本となる構えをつくろう

ゴルフではアドレスがとても大事で、アプローチでもそれは同様です。

アプローチでは、オープンに構えたり、フェースを開いたりするので、意外とアドレスが定まらず、自分の構えが打ちにくいと感じている人も多いのではないでしょうか？

アプローチでのアドレスは、やはりオープンスタンスがおすすめです。足はオープンにしますが、胸と腰はターゲットに対して平行に構えます。肩の向きはスクエアで、オープンにするのは、スタンスだけと覚えてください。

アドレスの際にまず、注意することは、胸の向きとグリップの位置です。ここにズレが生じると、方向性がブレます。打った瞬間にイメージと違うボールが出てしまうので、まずは、方向性を間違えないアドレスをつくりましょう。

CHECK

スタンスはオープンに構えますが、体の向きはターゲットラインに対してスクエアに構えます。クラブのグリップエンドが、左の股関節を指すようにアドレスをとります。これが基本の位置。球の高低を打ち分けたりして、球筋を変える際は、アドレスも大きく変化します。

体重配分は、特に左荷重にしなくても大丈夫です。5：5を意識して、バランスを取りましょう。オープンスタンスにすると、左足のかかと側に体重がかかりやすくなりますが、土踏まずに体重が乗るようにして、後方に体重がかからないようにしましょう。

重要なのはボールの位置です。体の中心よりも右に置きがちですが、あくまでもボール位置は真ん中。オープンスタンスにするので、右寄りに見えるのです。

左の股関節の前にグリップエンドがくるようにクラブを構えます。ややハンドファーストにすると、バランスの取れたアドレスの完成です。

まずは得意なクラブ1本で勝負!

クラブ選択

アプローチで当たり前のように「52度」と「58度」を持っていっていませんか?
選択肢が多いと、迷いが生じてミスが起こってしまいます。

アプローチの基本は
58度がおすすめ!
?
?
?
58
52
WAHO

明確なイメージをもって打つために

アプローチのクラブ選択で議論になるのは、「複数のクラブを使い分ける」ことと「1本のクラブで対応する」ことです。

ロフト角の異なる複数のクラブを使い分けると、打ち方は同じでも球の高さなどが打ち分けられる点が有利だと言われています。

僕のおすすめは、できるだけ58度のサンドウェッジ1本で対応することです。以前はもう少しランが欲しいときなどに52度を使うこともあったのですが、思ったほど結果が良くなかったのです。

振り返ってみると、52度だか

ロブショット

転がし

バンカーショット

100ヤード以内

58度のサンドウェッジは、様々な球を打ち分けることができる万能ウェッジ。低く出して転がすことも、フェースを開いてロブショットを打つこともできます。もちろん、バンカーにも最適です。58度を様々に使いこなす技を磨くのが、シンプルで上達に近づく近道です。

いろいろな状況で「58度」をどう使うかを考える

ら転がってくれるだろうと思い、曖昧なイメージで打っていたのかもしれません。

それよりも58度1本で、「しっかりと低い球で転がる球を打つ」「フェースを開いて高い球を打つ」など、1球1球しっかりイメージして打ち分けたほうが、曖昧さがなくなり、結果が良くなるのです。

現在の僕のウェッジは、ストレートではなく少しグースが入り、ソール幅はやや狭いハイバウンスのソールです。グースネックにすることで、しっかりとハンドファーストで打てるようになり、ハイバウンスの効果で地面に刺さるチャックリもなくなりました。

使用するボールは絶対にスピン系！

ボール選択

ドライバーで飛ばしたいから「ディスタンス系ボール」を使っていないでしょうか？スコアメイクをするなら、ボールは「スピン系」です。

SPIN!!

スピン系ボールで球をコントロール!

スピン系ボールのメリット

熱心にゴルフに取り組んで、クラブにもこだわっている人でも、意外とボールには無頓着な場合が少なくないようです。中には、ゴルフ場で拾ったロストボールをそのまま使っている人もいるかもしれません（笑）。

モデルによって、ボールの性能は実に多様で、同じ打ち方をしてもボールが変われば、打ち出しの高さやスピンのかかり方などが全く変わってきます。

できれば、同じボールを使い続けるようにしたいですね。ゴルフは再現性のスポーツ。ボールが変われば、同じような結果を出すことが難しくなります。

ディスタンス系ボールの5つのデメリット

1. 距離感が取りづらい
2. グリーン上で止まらない
3. 曲げにくい
4. 高く上がりやすい
5. 打感があまり良くない

まっちゃん使用ボール
ダンロップ：『スリクソン　Z-STAR XV』

わっほーさん使用ボール
ダンロップ：『スリクソン　Z-STAR◆』

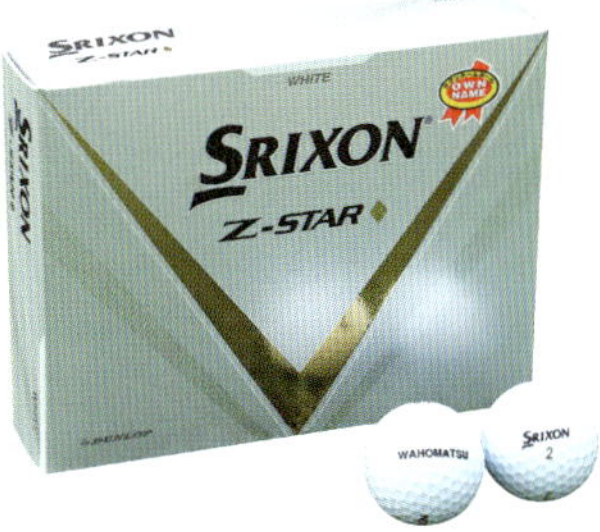

POINT

スピン系ボールの利点は、ボールのコントロール性が高いこと。球筋をイメージ通りに打ち分けるアプローチでは、スピン系ボールの性能が不可欠です。フルショットでも、グリーンにしっかり止めたり、インテンショナルにボールを曲げるときなど、スピン系ボールは有利になります。

ボールには大きく分けて、スピン系とディスタンス系があります。スピン系はやわらかいウレタン素材のカバーを採用し、アプローチでスピンが強くかかるのが特徴です。

ディスタンス系にも曲がりにくさや打ち出しの高さなど、メリットもあるのですが、僕がおすすめするのはスピン系ボールです。

アプローチに限っても、ボールを高く上げたり、低く出してスピンをかけたり、多彩に弾道をコントロールしないと、寄せワンは狙えません。このボールのコントロール性に優れているのがスピン系ボールなのです。

ボールはスピン系を選び、同じモデルを使い続けましょう。

「振り幅＋スタンス」の基準を決める！

距離感の出し方

アプローチの距離感を養うためには、自分の基準が必要になります。「30ヤード」を基準として、「50ヤード」「10ヤード」と打ち分けていきましょう。

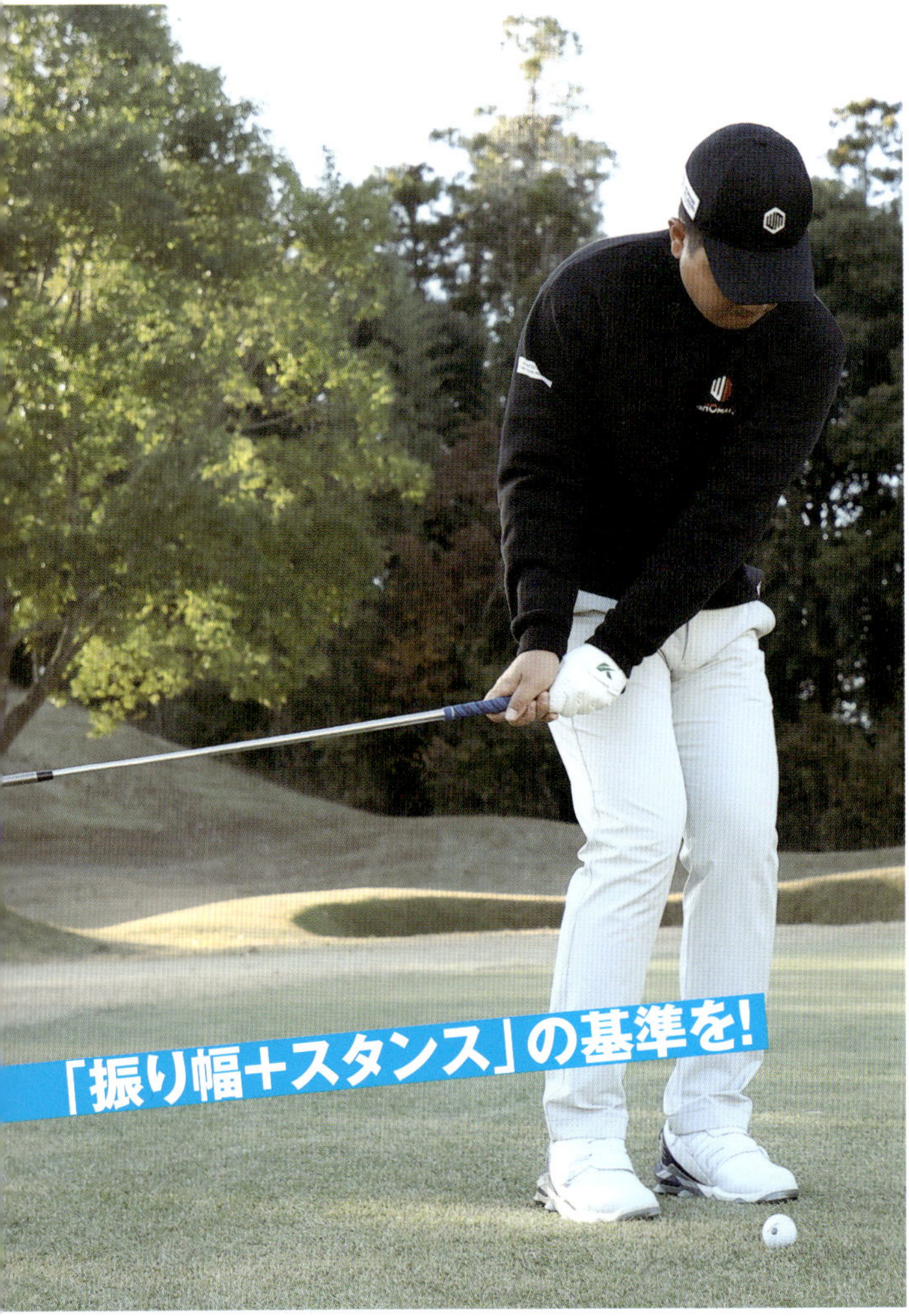
「振り幅＋スタンス」の基準を！

まずは30ヤードのアプローチを反復練習

アプローチの距離感は、振り幅で出すのがおすすめです。決まった振り幅で決まった距離が繰り返し打てるようになると、そこから微妙な距離感の打ち分けも行いやすくなります。

まず、30ヤードの距離感を練習しましょう。目安の振り幅はひざからひざ、時計で言えば、5時から7時くらいです。この振り幅で30ヤード飛ばせるように、スピード感やインパクトの感覚を養ってください。思ったより飛ばなければ、スイングのスピードを上げ、同じ振り幅で想定する30ヤードが出せるように調節しましょう。

30ヤード

目安の振り幅はひざからひざで、時計で言えば5時～7時くらいです。

50ヤード

10ヤード

50ヤードはひざから少し広がり、「肩から肩」になります。10ヤードは、「足のつま先からつま先」くらいになります。

ある程度、距離感をつかんできた中級者以上のゴルファーの方は、是非「1ヤードアプローチ」にチャレンジしてみましょう。使うクラブは58度のサンドウェッジです。小さい動きは難しく、体幹を使う意識とインパクト感が身に付き、スイング全体に良い影響があります。

次に50ヤードを練習します。スタンスは30ヤードのときよりも少し広げて、振り幅も肩から肩まで大きくします。フォローが結果的に大きくなるのは許容範囲です。

振り幅が大きくなるだけで、ヘッドスピードは速くなり、距離と高さが出るようになります。あくまでもアプローチの感覚で振り幅を大きくするのがコツです。

10ヤードもしっかり練習しましょう。低めの球で5～6ヤードキャリーして、コロコロと転がって10ヤードを打つイメージです。ただし、キャリーとランの比率を考える必要はありません。球のスピードをイメージしましょう。

ボールの高低の打ち分けを身に付ける!

球筋の打ち分け

ライの状況などにより、ボールを操る技術が必要になってきます。特に、高い球、低い球の打ち分けができると、アプローチの幅が広がっていきます。

High
フェースを開いて高い球を打つ!

球筋の高低はボールの位置で決める

アプローチで使うクラブは58度1本をおすすめしましたが、それは高い球や低い球を1本で打ち分けることを想定しています。グリーン周りの状況に応じて、球の高さを打ち分けるのは、アプローチに必要な技術になります。

まず低い球を練習しましょう。胸を低く構えて、体重配分は、左足を多めにします。左6:右4くらいの比率になれば、自然と球は低くなります。

もっとランを多めにしたいときは、ボールを右に寄せて、ロフトを立てながら、フック回転がかかるように打ちます。

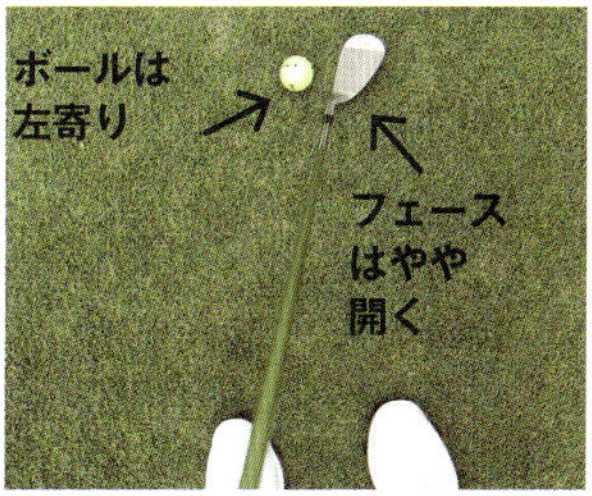

POINT

スピンが入った高い球を打つには、開いたフェースにボールがのる感覚が必要です。少し難しいですが、繰り返し練習して、その感覚を養いましょう。ちなみにディスタンス系ボールではフェースにはのらず、ポーンと高い球になりスピンはあまりかかりません。

高い球を打つときは、まずフェースを開くことが必要です。一般的なゴルファーにはフェースを開くことが苦手な人も多いのですが、球筋の打ち分けやバンカーなどでも重要な必須テクニックなので、まずはフェースを開けるようになりましょう。

フェースを開いたら、オープンスタンスの度合いを強くします。そのスタンスの向きなりにクラブを振ると高い球になります。これだけで高い球は打てるので、手首を積極的に使う必要はありません。

この打ち方は、ボールの下をくぐったりはせず、高くてしっかりとスピンの効いたコントロールされた球質になるのが特徴です。

ライの状況で何を見るか！

ライの見極め

ゴルファーがもっとも脳をフル回転させるときが「ライの見極め」。順目なのか逆目なのかなど、状況に応じた打ち方を選びましょう。

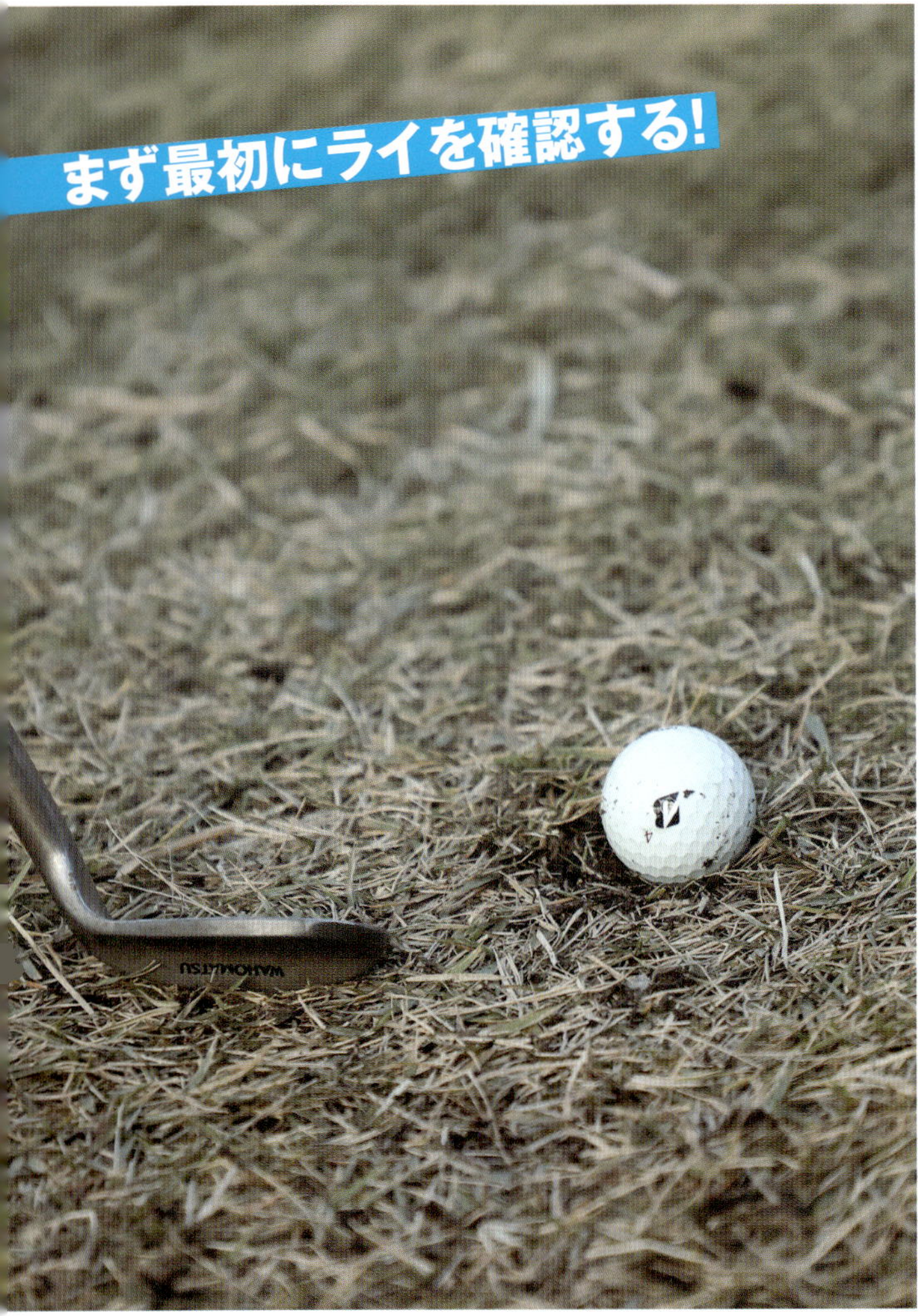
まず最初にライを確認する！

ライを確認する習慣をつける

アプローチを打つとき、まず確認するのはライの状況です。ライによって、打てる球や出やすいミスなどが変わるので、そこを見極めて、寄せ方を考えるのがアプローチの手順です。

まず芝の状態を見ましょう。芝が薄いのかフカフカしているのか、順目なのか逆目なのかを確認します。地面の硬さや傾斜の有無もチェックします。

ボールが芝に浮いているかも重要です。僕たちプロは一瞬でわかりますが、状況を見てボールが沈んでいるのか、どのくらい浮いているのかが判別できるように経験を積みましょう。

同じ条件で打てる練習場とは異なり、コースでは様々なライがあります。芝が順目のときに比べると、逆目ははるかに難しく、ボールにコンタクトするのが難しくなります。見た目にはわかりづらいことも多いので、まず打つ前にライを確認する習慣をつけましょう。

ライの確認が大事なのは、バンカーでも同様です。砂の硬さや量が多いか少ないかで、球の飛び方は変化します。目玉になると遥かに難しくなります。

芝の種類でも変わります。日本では高麗芝、野芝、ベント芝などが一般的ですが、芝の抵抗やボールの沈み方が変わるので、対応する必要があります。

地面が硬く、芝が薄いときは、ボールを上げにくくなります。湿っていてやわらかければ、バウンスが滑りづらくチャックリしやすくなります。そんなときはＰＷで転がすほうが確率は高いでしょう。

ライを見極めて、その状況に応じた打ち方を選ぶことが、アプローチの第一段階です。

バンカーショットに力はいらない！

バンカーショットの考え方

バンカーショットの基本は、ヘッドを砂の中に入れること。アドレスの段階でそれができる構えをつくります。

ボールを右に置いて、
ダウンブローで打つ！

バンカーショットで大切なこと

バンカーを苦手にしている人の多くが、力いっぱいに砂に打ち込もうとしていますが、バンカーショットに力はそんなに必要ではありません。プロであれば、片手で打ってもバンカーから脱出できます。

必要なのは、ウェッジのヘッドをボール下の砂の中に入れることです。したがって、ヘッドが下降して、最下点の途中で砂に入るダウンブローで打つことが必要です。

グースのついたウェッジなら、ハンドファーストでボールの手前にドンと入れるイメージをつくりやすくなります。

わっほー流のバンカーショットは、ボールをセオリーよりも右寄りにセットすること。こうすることで体重移動を行わず、その場でダウンブローにボールの手前へヘッドを入れやすくなります。逆にボールを上げようとして、すくい上げる打ち方は絶対にNGです。

バンカーは状況によって難度が大きく変わります。目玉や左足下がり、アゴの高いバンカーなどは難度が高く、それに合わせたテクニックが必要です。しかし、基本はあくまでもボールの手前にダウンブローでヘッドを入れること。この打ち方を習得することで、他の技術も成功しやすくなります。

POINT

ボールの位置は、ダフりやすくするために左寄りに置くというのがセオリーとされていますが、自分で左に体重移動を行わないといけないことと、ホームランのリスクが高くなるのでおすすめしません。ボールを右寄りにすると、ヘッドを手前から入れやすくなります。

ダウンブローで打ちやすくするために、まずボール位置を少し右に置くことをおすすめします。一般的には左寄りにするのがセオリーですが、右寄りのほうが自然にダウンブローになりやすくなります。左に置いた場合は、自分で体重移動を積極的に行う必要があり、シンプルに下ろすだけという動きにはならないのです。

グリップエンドを左股関節の前に構えて、左足を少し砂の中に沈めて、ほんの少し左体重にします。出すだけであれば、フェースを開く必要もありません。アドレスでつくったハンドファーストを維持したまま、その位置にクラブを戻して上げるようなイメージをもちます。

無理はしないで70点のアプローチを！

トラブル対応

木の中や、極端な斜面など、状況によってはピン方向を狙えないことも。そんなときは、決して無理をせず、確実にグリーンにのせましょう。

リスクと成功率を考える

ゴルフにはミスがつきものです。プロであっても、ピンに寄せるのが不可能に近いような難しい状況から打つこともあります。

実は、プロよりも一般的なゴルファーのほうがそういう難しい状況に陥りがちです。「それは無理じゃないかな？」と思えるようなところからでも、果敢にピンを狙って打つ人も多いですが、まず成功は望めないですよね。

そんなトラブル対応でも、まず基本となるのがライの確認です。難しい状況であることをまず把握して、リスクと成功率を

こんなときは無理をしない！

1. 激しい傾斜の場所
2. ボールがかくれるほどの深いラフ
3. ディポットの中
4. 土や林、池の中

まずは狙いどころを定めて…

ピンを狙わず、無理せずに打つ！

POINT

ゴルフ練習場では、ボックスなどで傾斜をつけたり、ベアグラウンドを想定して硬い場所で打ったりして、トラブルに対応できるよう練習しましょう。もちろん、周りの方に迷惑をかけない練習の仕方で技術を磨いていきましょう。

考えることが必要です。それはその人の技量によって変わるもので、例えば、プロだったら難しい状況でも無理して寄せにいくことがあります。でも、ほとんどの方にはおすすめできない攻め方です。

そのライで、自分が高い成功率で打てる方法をまず考えましょう。その結果、ピンが狙えないこともあるかもしれませんが、まずグリーンにのせることを考えましょう。場合によっては、グリーンにのせることも難しいので、次のアプローチを寄せやすいところに運ぶことを優先しなければならないかもしれません。トラブル対応では、時にはピンに寄せることを諦めることも必要です。

練習方法

打ちっぱなしの練習場、ゴルフ場のアプローチ練習場に共通するおすすめの練習方法を紹介します。

練習場でルーティンをつくる

僕は普段の練習ではあまりクラブを持っていきません。58度のウェッジ、8番アイアンあたりのショートアイアン、そしてドライバーの3本くらいです。

最初は、58度で10～20ヤードの短い距離を打ち、それから50ヤードを10～20球打って、体をほぐします。

このとき片手打ちを行うプロも多いのですが、結局、両手で打つことを考えて僕はやりません。プロは上手く打てますが、本当に意味のある片手打ちを行うのは、案外難しいのです。

体が温まってきたら、70ヤードくらいの距離を2、3球打ち、

おすすめ練習法①：ペアでチェック

ゴルフ仲間と一緒に練習場に行って、チェックし合うのもおすすめ。

おすすめ練習法②：1ヤード練習法

1ヤードのアプローチを練習します。緩まないのがポイントです。

まっちゃんのおすすめ練習法

アイアンで、低くラインを出す練習。あおり打ちを予防し、ターゲットを狙うイメージが高まる。

POINT

まっちゃんは58度ウェッジで、50ヤードくらいの距離を繰り返し練習しています。しっかりと距離を打つこともさることながら、大事にしているのは音。ヘッドの入り方、ボールに良いコンタクトをしているかを音で判断します。バウンスはすべらせて使いますが、ダフりすぎると音が悪くなります。

8番アイアンに持ちかえます。フルショットだけでなく、ボールを曲げてコントロールするなど、かなりいろいろな練習をします。8番アイアンの練習が一番多いかもしれません。最後にドライバーの練習を少し行います。僕の場合は、3本程度の練習でFWなどの他のクラブも打てますが、まっちゃんや皆さんはもう少しいろいろなクラブを練習したほうがいいかもしれません。

ティーアップしているドライバーの練習が多くなると、あおってしまう動きが自然と強くなりがちです。まっちゃんがよく行っているように、地面からPWで練習して、あおり打ちを予防するのはおすすめです。

対談 01

わっほー×まっちゃん

練習の効果を上げるには、自分の感覚を磨く

形にこだわる練習はラウンドで活きない

わっほー　ゴルフに熱心な方はとても多いし、その人たちはたくさん練習しているんだけど、効果的な練習をしてるかというと、意外とそうでもないことが多いよね。

まっちゃん　僕が見た限りで言えば、目的をもって、練習をしている人は少ないのかなと思います。ただ「球を打ってるだけ」になってしまってるのかなと。

わっほー　そうだね。テーマをもって練習することが、ゴルフが上手くなるということでは凄く大事になる。まっちゃんは練習で何を気をつけてるの？

まっちゃん　僕は練習場でまず58度のウェッジで、短い距離から練習するんですけど、大事にしているのは**「音」**ですね。ボールとフェースが良いコンタクトをすると、音も澄んだ良い音がするので。音をチェックしながら、ダフりすぎてないかとか、薄く当たっていないかをチェックします。

わっほー　本当は芝の上から練習したいけど、練習場のマットからでも良い音は出せるからね。

まっちゃん　そうなんです。短い距離では良い音が出るようなインパクトをしないと、距離感が合わないので。音を気にしながら10ヤード以内から、手前の看板あたりまでの距離を練習しています。

わっほー　意外と僕があんまり良くないなと感じているのは、スマホなどで撮影したスイング動画をチェックしながら練習に取り組んでいる人です。確かにスイングの確認が必要な人もいると思うんだけど、やっぱり多くの人は、どうしても形にこだわってしまうんだよね。

まっちゃん　僕は体のいろいろなところの形を考えながらスイングすると、よくわからなくなって、体も動かなくなります（笑）。

わっほー　僕自身はスイングをあまり気にしなくて、それよりも**「感触」**を大事にしているんだよね。それはもちろん打ったときの感触もあるし、体の感じ方とか、こうやって振ると、こういう球が出るということをいつもチェックしている。

まっちゃん　今は飛距離が計測できる練習場も増えてきましたから、どうしても練習で飛ばしたくなりますよね（笑）。

わっほー　それだとやっぱり上手くなるという点では厳しいよね。僕がおすすめしたいのは形ではなくて、**球筋を意識すること。**

　例えば、「大きなスライスを打ってみよう」「大きなフックも打ってみよう」みたいな練習です。みんな、真っ直ぐな球ばかりを求めてしまって、球筋への意識があまりないんだよね。

まっちゃん　僕はドライバーのチーピンに悩んでいたとき、低いフェードを打つ練習をすることで、良くなってきました。形を直すというよりも、球筋をイメージすることで、自然とスイングが矯正されていたみたいです。

わっほー　世の中にはいろいろなレッスンがあって、こうしなさいという「やり方」を教えられるわけなんだけど、でも、本質的なことを言えば、スイングしてボールを打ち、その弾道を操るという感覚は、人には教えられないよね。あくまでも自分の感覚として、練習の中で身に付けないといけない。

まっちゃん　だから、練習場でいろいろな練習をしないといけないですよね。

わっほー　なぜかと言うと、ラウンドしてる中で、毎ショット毎ショットスイングは変わってるんだよね。決してそれは同じじゃない。もちろん、ボールの状況も違うし、風や傾斜の影響もある。だから、平らな練習場で一生懸命同じスイングをつくり上げたとしても、ラウンドでは活かされないよね。

8番アイアンでいろいろな球を打つ

まっちゃん　わっほーさんは、練習場にあまりクラブを持っていかないですよね？

わっほー　そうだね、3本くらいかな。58度のウェッジとドライバー、あとは8番あたりのアイアンを1本だね。

まっちゃん　プロの中には「片手打ち」から練習を始める人も多いですけど、わっほーさんは片手打ちをしないですね。

わっほー　結局、**クラブは両手で打つからね**（笑）。

実際に本当に片手打ちを上手くやろうとすると、結構難しいよね。当てることも前に飛ばすことも簡単だけど、良いスイングに活かせるように片手打ちするのは難しい。特に左の片手打ちで、体と連動しながら、出球をそろえて上手く打つのはプロの練習だなって思うよね。

まっちゃん　左手で打つと刺さりやすいし、右手で打つとすくい打ちになりやすい気がします。

わっほー　僕が普段する練習は、まず58度のウェッジで50ヤードを10～20発くらい打って、体をほぐしつつ、ボールがつかまっているか、良いコンタクトをしているかを見極める。それから8番アイアンなどでいろいろな球を打って、自分のスイングを確認する。このアイアンショットの練習が一番球数が多いかな。

まっちゃん　わっほーさんは、ドライバーはあまり練習しないですよね。

わっほー　20球くらいかな。確かにそんなに球数は打たないね。

まっちゃん　練習でスイングをつくっていくということを考えると、ドライバーはあんまり打たないほうがいいですかね。

わっほー　まっちゃんの場合は、しっかり練習したほうがいいんじゃない？（笑）　僕はアッパーには振らないので、ドライバーが打てたら、FWもUTも打てるんだよね。打ち方はそんなに変わらないので。スイングをつくるという点では、やはりアイアンでの練習が大事かな。本当にいろいろな打ち方をして試してみて、それが技術の積み重ねになるんだよね。

第2章

YouTubeチャンネル
「わっほーまっちゃんの日常」

100切り&80台を目指すための
アプローチ技術を身に付ける

わっほー講座

実践　初級　中級

まずは100切りにチャレンジ!

動画と合わせて技術を磨こう!

MOVIE

- ライのいい
- 20yd
- アプローチ

- 逆目の
- ラフから
- アプローチ

目指すべき最初の壁は「100切り！」

アプローチの基本が身に付くとスコアは変わる！

100切りを目指すために基本となるアプローチとは？状況判断を誤らなければ、意外とピンに寄っていきます。アバウト思考で、大たたきを避けましょう。

キャリー2：ラン1

ピッチ&ラン

キャリーとランで寄せていく基本的なアプローチ。58度のウェッジで打つとスピンがかかるので、キャリーを多めに計算してOK。30ヤードなら「キャリー2：ラン1」くらいが目安。もちろん傾斜やライなどの状況で、この比率は変わります。

グリーン周りからピンに寄せよう！

まずは30ヤード先のピンの近くにキャリーさせるにはどのくらいの振り幅やテンポが必要なのかを確認します。

距離の打ち分け

まずはピッチ&ランを身に付けよう！

CHALLENGE!

順目の花道

順目はやさしいライ。多少ダフっても、ヘッドが芝の上を滑ってくれます。ただ、滑りすぎると、フェースの上にボールが当たって弱々しい高いボールが出る“ポッコン”になるので注意しましょう。

初級編 ENTRY

順目のラフ

ラフであっても順目であれば、逆目に比べて、それほど難しくはありません。ラフの深さにもよりますが、少しだけグリップを強めに握って、ラフの抵抗に負けないようにスイングできれば、思い通りのショットを打つことができます。

アプローチの基本の打ち方を身に付けよう

アドレス

ボールは
やや
右寄り

グリップ
エンドは
左股関節

アドレスはオープンスタンスにします。その際、足はオープンですが両肩は飛球線方向に対して平行に構えます。ボールはスタンスの真ん中か、やや右寄りにします。その位置でもスタンスがオープンだと、かなり右寄りに見えます。グリップエンドは、自分の左股関節を指すように構えましょう。

4

5

フォローまで
体を回して
いきます

アドレスでつくったハンドファーストの形をキープしながら、体を回していきます。手をあまり使わないように、胸を回す意識で打ちましょう。前傾は浅すぎても深すぎても体が回しにくくなります。自分が回りやすいアドレスを見つけてください。インパクトまで手首をリリースせず、ハンドファーストを保ったままフォローまで体を回していくイメージです。

アプローチが苦手な人の大半が、腕だけが大きく動き、体が使えていません。短い距離であっても、体をしっかりと回していくことがアプローチの安定につながります。体の回転に腕が連動することで、再現性の高いアプローチになります。

基本の打ち方

POINT

アプローチが苦手な人にありがちなのは、手を振りすぎてしまうこと。そうではなく、胸を左右に回すイメージで振って、体の運動量は大きく、手とクラブの運動量は小さく振るのが、基本のアプローチです。

確実にピンに近づける！

10ヤード・30ヤードのアプローチを打ってみよう

オープンスタンスのため、見た目にはかなり右に寄せているようにも見えますが、実際のボール位置は真ん中からやや右寄りです。少しだけ左体重にして、胸の回転で打つことで打点が安定し、同じ高さと距離を打つことができます。10ヤードのアプローチでは、キャリーが5～6ヤードくらいになりますが、ランとの比率を意識するのではなく、ボールのスピードで距離感を出します。

ボール位置は10ヤードのアプローチと同じ、真ん中かやや右寄りです。スタンスだけをオープンに構えます。10ヤードのときよりも胸を大きく回して、バックスイングで手が腰の高さになるまで上げます。手だけで上げずに、あくまでも体の回転で上げるのがポイントです。インパクト以降もハンドファーストがキープされるように、右手首にできた角度がほどけないように注意します。

10ヤードと30ヤードの基本的なアプローチでは、打ち方自体はほとんど変わりません。振り幅だけを変えて、距離を打ち分けます。胸を回すことで連動して腕も動くので、その振り幅で距離が変わります。打ち方を変えず、手先を使わないで大きな筋肉を使うことで、ゴルフにとって重要な再現性が高まります。単に距離だけではなく、球の高さ、スピンのかかり方、打音などがそろうように注意してみましょう。

10ヤード

10ヤードのアプローチは、短い距離だけに手を使って打ってしまいがちですが、そうすると入射角や距離感が一定せず、ミスも起きやすくなります。できるだけ、手を使わずに短い距離でも体の回転を意識して打ちます。ボールにしっかりとクリーンに当てることを意識して、練習ではダフりすぎないように、綺麗な打音がするように心がけましょう。

30ヤード

距離感の基本は振り幅です。同じ振り幅で打てば、いつも同じ球が打てるようにします。30ヤードの振り幅は、だいたい手が腰から腰までです。自分の目線くらいの球の高さをイメージします。キャリーとランの比率は厳密に決めなくてもOKです。20ヤードくらいキャリーして適度に転がって30ヤードになる球を繰り返し練習しましょう。

バックスイングが大きすぎると、ダフリやトップなど様々なミスが出ます。手上げではなく、体の回転でコンパクトにテークバックしましょう。

自分のスイング幅をもとう！

50ヤードのアプローチを打ってみよう

正面

振り幅を
徐々に
大きくする

後方

短い距離と
同じような
イメージで

50ヤードのアプローチも基本的には短い距離と同じようなイメージで打ちます。距離を出すには、振り幅を大きくするだけです。短いアプローチから振り幅を大きくして打つことで、ヘッドスピードが出て、距離を出すことができます。振り幅を大きくするために、短い距離に比べてスタンスをやや広げます。振り幅は肩から肩までが基準になりますが、フォローは少し大きくなってもOKです。手を振らず、胸を回して打つことも短いアプローチと同様です。ボールをすくい打ちしないように、ハンドファーストでとらえてください。

58度のウェッジでしっかりボールをとらえられれば、50ヤードではほとんどランを出さずに止めることができます。体重が右に残らないようにすることで、スピンの入ったコンタクトができます。

POINT

50ヤードではフルショットを小さくして対応する人も多いですが、僕は短いアプローチの小さなスイングから、少しずつ大きくして距離を出していくことをおすすめします。出球をコントロールする感じが出て、距離感も生まれます。

寄せやすい状況こそ丁寧に！

順目の「花道」からアプローチしてみよう

絶好のライ

花道では、ボールは上げずにランを計算して寄せましょう

30ヤード

順目で芝が刈りそろえられた「花道」は、やさしいライです。少々ダフっても、ヘッドが芝の上を滑ってくれるためミスになりにくいのです。この状況でミスをしていては、スコアアップは難しいでしょう（笑）。でも、そのやさしさが「寄せなければいけない」というプレッシャーにもなるので、一つ一つ丁寧に確認しましょう。

CHECK

プレッシャーに負けず、リラックスして打つためにも、手前からダフリ気味に入っても問題なくボールを打てるテクニックを覚えましょう。入射角を緩やかにしてソールを滑らすように打ちます。58度のウェッジを使うのは、バウンスを使いたいからです。インパクトの打音を意識して、ソールが滑る感覚を養いましょう。

1
ボールはややや右寄り
2
3
4
狙いに向かって低く打つ
5
ソールが滑っていくイメージ
6

花道では、ボールを上げることはあまりしません。ある程度、ランを計算してボールを転がして寄せていきます。58度だと、スピンがかかりすぎて止まるという人がいますが、その場合はボールを右側に置いて、転がす量を増やしましょう。「キャリー2：ラン1」くらいが目安になります。落としどころを手前の平らなところに設定して、あまりキャリーさせないつもりで打ちます。

ラフでの打ち方の基本を知る！

順目の「ラフ」からアプローチしてみよう

30ヤード

フェースとボールの間に芝が挟まるので
ボール周辺を大雑把に打つイメージを
もつ

花道のときより、
多めに転がる
ことを計算します
グリップは
やや強めに握る

ラフと言っても順目であれば、花道からのアプローチと打ち方はそう変わりません。インパクトで緩まないように、グリップは少し強く握ります。一番の違いは、フェースとボールの間に芝が挟まってしまうので、ボールに直接コンタクトすることが不可能であることです。したがって、ボールの周りをあえて大雑把に打つイメージをもちます。

CHECK

すぐに打つのではなく、まずは、周囲で素振りをして、芝の抵抗を確認してから打つようにしてください。深いラフや抵抗の強い芝だったりする場合には、グリップを強めに握ってしっかりとコンタクトすることが必要になります。

1
ねらいを確認
2
3
大きめに振る
4
フェースを立ててインパクト
5
ボールはやや高く上がる
6

クリーンに打てない分、花道からと比べて、少し大きく振ります。高さは出ますが、スピンはあまりかからないので、より手前に落として、花道よりも長めに転がる計算で打ちます。ラフの下をくぐらないように、包み込むように打って、フェースが少し立つようにインパクトするのがコツです。

〜わっほーからの挑戦状〜

これができれば
中級編へ

卒業検定

1
30ヤードからのアプローチ

2
50ヤードからのアプローチ

3
順目のラフからのアプローチ

1 30ヤードからのアプローチ

10球中7球を
ワンピンに寄せる!

初級編
ENTRY

50ヤードからのアプローチ 2

10球中5球を
ワンピンに寄せる!

順目のラフからのアプローチ 3

10球中5球を
ワンピンに
寄せる!

合格
わっほー
講座

次のステージは…

中級編 BASIC

いろいろな状況からピンに寄せよう!

「80台」を目指すために！

いろいろな状況からピンに寄せる技術を学ぼう！

「80台」を目指すためには、グリーン周りで何打も費やすわけにはいきません。バンカーやラフ、傾斜地など様々なライから、しっかりグリーンにのせることが必要です。できれば、ピンに寄せてワンパットの確率を高めたいものです。

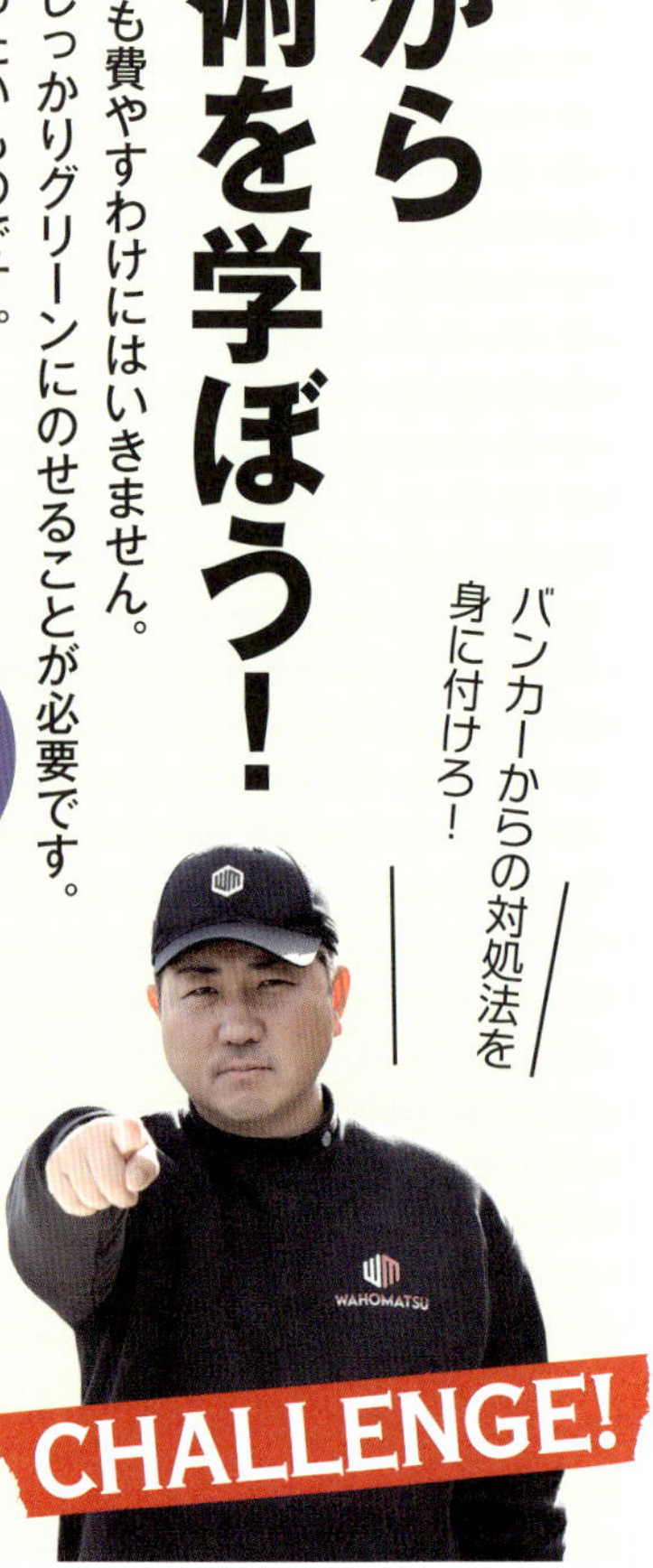

バンカーからの対処法を身に付けろ！

CHALLENGE!

傾斜

アプローチでは、平らな状況以外のライが数多くあります。左足上がり・左足下がり、つま足上がり・つま足下がりの打ち方を身に付け、アプローチのレベルを上げていきましょう。

バンカーや傾斜等を攻略しよう！

バンカー

まずは、バンカーから脱出するための基本を学びます。バンカーから出ないときやホームランを打たないようにするための技術を磨いていきましょう。

逆目のラフでは、ボールが芝に引っ掛かりやすく、方向性が定まりにくく、出球が強く出てしまうことも。ちょっと不安に感じるこの状況でも、しっかりピンに寄せていく打ち方を学びましょう。

中級編 BASIC

夏の深いラフや冬の枯芝など、季節によって、状況は異なります。チャックリやだるま落としにならないよう、しっかりと状況を判断し、アプローチをする方法を学んでいきましょう。

グリーン周りでよくある状況を攻略！

左足上がり・左足下がりの打ち方を身に付けよう

ボールはいつもと同じか、やや右に置きます。左にボールを置いてしまうと、自分が左に体重移動しなくてはいけなくなります。特殊なことをせず、シンプルに打ちましょう。ソールを滑らせるように打てると、地面が硬い場合でも跳ねることなくボールを拾えます。

ピンが近いときなど、左下がりからでもボールを上げたいときがあります。その場合は、グリップエンドを止めてヘッドを走らせるように打ちます。手首を柔らかく、積極的に使うことで、出球が高くなります。

グリーン周りには、大きな傾斜がつけられて、ゴルファーを待ち構えています。その罠にハマらないように、柔軟に対応することが大切。小技の引き出しがあればあるほど、対応もしやすくなります。

左足上がり

左足上がりの傾斜では、どうしても右足に体重が乗りがちです。少し傾斜に逆らって立ち、フォローを低く出すのがコツです。傾斜なりに打つと、インサイドアウトが強くなり、いつもの基本のアプローチとは違う打ち方になってしまいます。打ち方をなるべく変えずに打ちたいのです。それでもハンドファーストが弱くなるため、ボールは上がりやすくなります。

左足下がり

左足下がりの傾斜では、自然と左足体重になります。これはいつものアプローチに近い形なのでそれほど違和感はないでしょう。出球が低くなるので、少しフェースを開きます。ポイントは体の回転で打つこと。手を積極的に使ってしまうと、手前にダフりやすくなります。ダフリを防止するため、ボールは左寄りに置いて、クラブを左に振っていきます。

左下がりの場合、どうしても出球が低くなります。ある程度リスクをとって高いボールを打つのか、あくまでも傾斜なりに打って、確実にグリーンオンするか、状況判断も大切です。

ミスが起きやすい状況を攻略!

つま先上がり・つま先下がりの打ち方を身に付けよう

ボールは低くなりやすく、上げようとするとダフりのミスが出やすくなります。どうしても上げる必要がある場合は、カット打ちのイメージでいつもよりも左に振って、フェースのトウ側で打ちます。ただし、難度は高くなるので注意が必要です。

つま先下がりからボールを上げるのは、ほぼ不可能なレベルで難しい技です。体重が体の後ろ側にかかりがちになるので、上手く体が回らないのです。どうしてもボールを上げたいときは、フェースを開いてバランスよく振りましょう。

厄介な傾斜の「つま先上がり」と「つま先下がり」。体が不安定になりやすく、方向性が定まりづらいライです。ダフリやトップ、シャンクも多発します。バランスを保ちながらアプローチして、まずは大きなミスが出ないように注意しましょう。

つま先上がり

つま先上がりの傾斜で一番のポイントは、地面に沿って構えると、自然にフェースが左を向いた状態になることです。これをアドレスで対応することが大切です。まず、フェースを開いて、左を向いた状態を解消します。ダフりやすいライなので、クラブは短く持ち、ボールは右寄りに置きます。すると、傾斜と相殺されるので、出球がまっすぐになり、フック回転もかかりません。

つま先下がり

つま先下がりの傾斜は、とても不安定になる傾斜です。前傾はどうしても深くなりますが、ひざを柔軟に使って、しっかりと両足で体を支えることが大切です。少しクローズスタンスにすると安定しますが、肩のラインはあくまでもスクエアにします。ハンドファーストに打ちますが、体が止まりやすいので、シャンクが出やすいライでもあります。胸をしっかり回しながら打ちましょう。

CHECK

つま先上がりはフックしやすく、つま先下がりはスライスしやすいライだと一応言えますが、つま先下がりは体の回転が止まりやすいライなので、出球が左に出ることも起こり得ます。胸を回す意識を忘れないようにしましょう。

バンカーから脱出しよう

バンカーショットの基本を学ぶ！

アドレスは足を砂に埋め、重心を低く

重心を低く！

ほぼ真ん中より、少し右にボールをセットする

ボールは左に寄りすぎない！

一般的なセオリーでは、ボール位置を左寄りにしますが、わっほー流のバンカーショットはボールをあまり左に置きません。スタンスの真ん中くらいにセットすると、何もしなくてもダウンブローで打てるからです。グリップ位置は左股関節の前にして、腰を落として重心を低くすると、自然にエクスプロージョンできるアドレスの完成です。

ハンドレイトには構えない＆フェースも開きすぎない！

アドレスした時点ですでに、ボール手前の砂にダウンブローで入れる準備ができているので、自分で打ち込もうとする必要はありません。構えていたところにヘッドを戻すような意識で打ちます。フェースを開かなくても、十分にボールを上げることはできるので、出すだけであればスクエアに打ちましょう。

POINT

バンカーで力いっぱいダフろうとする人は多いですが、実はバンカーショットに力は必要ありません。しっかりとコツを押さえれば、片手で打っても簡単に脱出できます。力まないことが、バンカー成功のポイントです。

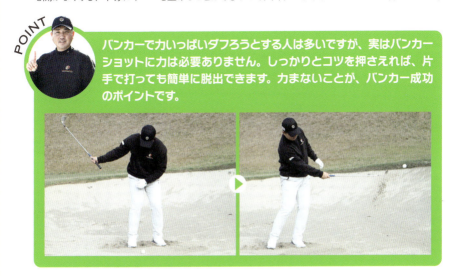

焦りは禁物。冷静に状況判断を！

バンカーから出ないときの対処法を身に付けよう

CASE

バンカーのアゴの高さは自分の身長を超えるくらい。一度、バンカーショットを打つが、失敗してしまう。こんなとき、どうする？

アドレスのポイント
ひざを落とす
スタンスは広くとる
ボールはやや中央

通常のバンカーショットではなんとかボールを出せても、アゴの高いバンカーになると、上手く出せないゴルファーは多いでしょう。技術的な問題もありますが、不安を感じるあまり、力んだり、ボールを上げようとしないことが大切です。アドレスでボールが上がる準備をしておいて、安心感をもって打ちましょう。

一見すると高いアゴに見えたとしても、ほとんどの場合は特別なことをしない基本的なバンカーの打ち方で対応できます。十分に高さも出るし、スピンもかかるのです。失敗をしてしまうのは、アゴが高いということで、自分から打ち方のミスをしてしまっている場合が多いでしょう。ただし、身長を超えるようなバンカーの場合は、さすがに高い球も必要でしょう。なるべくシンプルに、基本の打ち方を応用して、高い球を打つ準備をします。

まずアドレスが重要です。スタンスは広くして、ひざを落とします。フェースは開いて、少しハンドダウンで構えます。このアドレスだと、自然とクラブはフラットに上がります。しっかりとボールの手前にヘッドを入れていきましょう。特に砂を薄く取るイメージは必要ありません。最初につくった構えなりに打つことで、フラットな軌道で砂を薄く取ることができます。コックも入りやすく、自然と高い球になるのです。

高いバンカーでありがちなミスは、ボールを高く上げようとしてかなり手前に入ってしまったり、ホームランやトップになったりすること。アドレスでボールが高く上がる準備をして、ダウンブローで砂に入れていくことが大切です。まず状況判断をしっかりして、一発目からでも失敗しないようにするのも大事ですね。

ダフりやホームランを絶対にしない！

バンカーでのトラブルを避けるために

ダフり防止

やばっ…
ドスッ

当てようという
意識をもたない
右足のつま先を
浮かせる

CHECK

大きくダフってしまう原因は、インパクトでの詰まりです。ボールに当てようとして手元が前に出過ぎてしまいます。いわゆるクラブがリリースできていないということです。右足のつま先を少し浮かせた状態でスイングしてみてください。右サイドが前に出ないので、フェースがかぶって入らなくなります。

ホームラン防止

あっ…
カンッ!!

1
いつもの
テンポで

2
右足外側に
体重を
かける

CHECK

ホームランが出る一番の原因は、しっかり打とうとして、体が回り過ぎることにあります。テンポも早くなることで、体とボールの距離が遠くなり、ボールまたは砂に届かなくなります。その結果、トップが出てしまうのです。右足の外側に体重をかけ、この体勢をキープしたまま振り切ると、左サイドに突っ込むことなく、エクスプロージョンができます。

しっかりとボールにコンタクトする！

逆目のアプローチ技術を身に付けよう

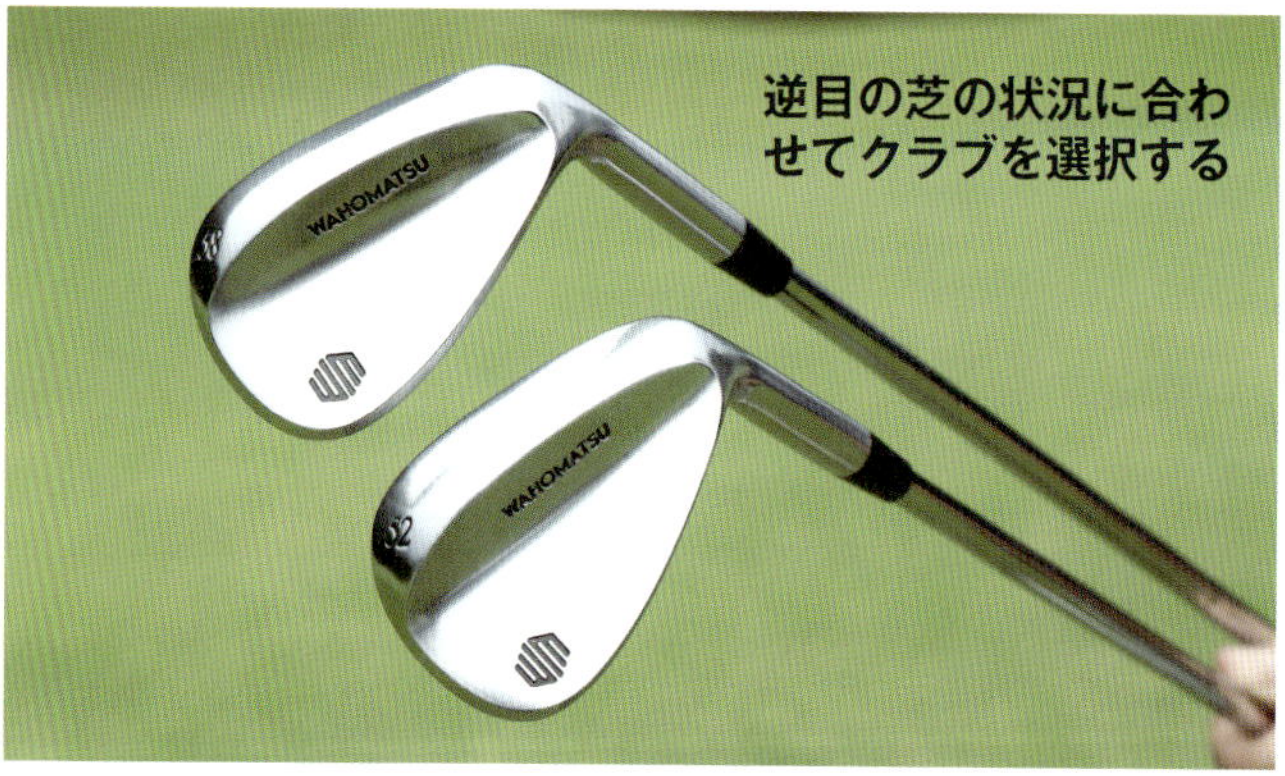

逆目の芝の状況に合わせてクラブを選択する

逆目のライは難しく、ピンが近いとプロでも簡単に寄せられません。逆目が難しい理由は、必ず芝を噛んでしまうこと、そしてどうしても刺さり気味になってしまうことです。ボールに伝わる力が少なくなるため、距離感も合わせづらく、チャックリしやすくなります。

冬の逆目の場合、転がしで寄せるほうが、リスクを避けることができます。

■逆目でボールを上げるには…

逆目でボールを上げるのであれば、58度のウェッジでいつもよりしっかり振ります。ハンドファーストが強くなるほど、芝の抵抗で抜けなくなるので、ヘッドが先行するように打ちます。インパクトでは左手を止めるつもりで、少しグリップを強く握ると、芝ごとボールを打つことができます。スピンはかからないので、ランを見越して落とし場所を決めます。

ダフりを防ぎ、正しい距離感を！

夏の深いラフからの打ち方を身に付けよう

芝の状況を
見極める！

ラフの強さに
負けないように！

夏の深いラフからのショットは、芝の抵抗が強く、スピンもかかりにくいので、プロでも簡単ではないライです。ここからアプローチを成功させるには、まずライを見てボールがどういう状況かを把握できるようになりたいですね。浮いているか沈んでいるか、そして芝の密度がどのくらいなのかで抵抗が変わってきます。打つ前の準備がとても大事になるシチュエーションです。

ラフの下をくぐってダルマ落としになるミスを避けるため、フェースはあまり開きません。ライを見て、芝が密集しているようなら、その分振り幅を大きくします。

キュッと握る

グリップはゆるく握り、インパクトの直前から「キュッ」と握るのがラフの抵抗に負けないテクニックです。このように握ることで、ロフトが立ちボールを包み込むようにインパクトを迎えることができます。

POINT

手首のリリースが早く、ハンドレイト気味になるとボールの下をくぐりやすくなります。ハンドファーストでラフごとボールを包むように打つと、そのリスクを避けることができ、ボールに前に飛ぶ力を加えられます。スピンは期待できないので、キャリーに加え、いつもより転がることを計算に入れましょう。

ラフが深いと……
ボールがクラブの下をくぐる

トップ・ザックリのミスを防ぐ！

冬の枯芝からの打ち方を身に付けよう

ボールの位置は真ん中!

クリーンな
コンタクトを!

冬枯れした芝は、夏場と比べて芝が短く薄くなります。芝の抵抗は小さくなりますが、夏場のようにボールは浮いていないので、ヘッドが入るスペースが狭く、インパクトは難しくなります。ちょっとしたズレで、トップやチャックリのミスが出やすいでしょう。そのため、冬芝が苦手なゴルファーも多いのですが、基本的なアプローチができれば、それほど怖がる必要はありません。ボールをクリーンにとらえれば、コントロールはしやすいでしょう。

ボール位置は体の真ん中。オープンスタンスの分、右に見えます。これは基本のアプローチと同じです。冬芝だと刺さりやすく、バウンスが上手く機能してくれない場合もあるので、クリーンなコンタクトを心がけます。芝が薄いからといって、上から打ちにいくのはNGです。

薄い芝に刺さらないように、インパクト付近ではあまりハンドファーストを強くしないようにします。ヘッドを少し走らせる感じをもつと、バウンス角が先に当たり芝を滑りやすくなります。この打ち方だと、出球が低くなりやすい冬芝からでも柔らかくスピンの利いた球でボールを上げることができます。

POINT

冬の薄い枯芝は、いかにも難しそうに見えるので、自分からミスを誘発してしまいがちです。特にトップすると大ケガにつながりやすいので、注意してください。恐れずに、ボールの前後でヘッドを滑らせること。多少手前からでもバウンスが滑ってくれる感じをつかめれば、安心して打てるでしょう。

~わっほーからの挑戦状~

これができれば上級編へ

卒業検定

1
バンカーから確実に脱出する

2
左足上がり・左足下がりのアプローチ

3
逆目のラフからのアプローチ

1 バンカーから脱出する（通常のライ）

10球中8球を
脱出させる!

中級編
BASIC

左足上がり・左足下がりのアプローチ 2

左足下がり
5球中3球を
ワンピンに寄せる!
左足上がり
5球中3球を
ワンピンに寄せる!

逆目のラフからのアプローチ 3

10球中7球を
ワンピンに
寄せる!

合格
わっほー
講座

次のステージは…

上級編 CHALLENGE

アプローチの数を増やそう!

対談 02

わっほー×まっちゃん

ウェッジにこだわったから、自分たちでつくってみた

58度ウェッジ1本で球を打ち分ける理由

わっほー　僕たちは、基本的に58度のウェッジでアプローチを打っていて、皆さんにもそれを推奨しています。58度のウェッジを活かして、ボールを上げたり、低い球を打って転がしたりします。だいたいこれ1本で対応しています。

まっちゃん　ウェッジを何本も練習するよりも、これ1本で練習したほうがシンプルだと思うんですよね。僕も58度をとにかく練習します。

わっほー　もちろんライの状況に応じて、52度やPWを使うこともあります。ロフトが立っているクラブのほうがミスヒットに強いし、ロフトの大きなクラブだとボールの下をくぐったりするライもあるしね。また、大きなロフト角だと、「インパクトが安定しにくい」というデメリットもあるよね。

まっちゃん　わっほーさんが58度ウェッジ1本で球を打ち分けるのは、なぜですか？

わっほー　例えば、低い球で転がして寄せたいとき、52度を持つとそれで安心してしまって、打ち方が曖昧になるんだよね。だから思ったように転がらなかったりする。むしろ、58度を持ってしっかりと「低い球を打つ」というスイングをしたほうが、打つ球が曖昧にならないんだよね。

まっちゃん　僕たちでも、練習時間ってやっぱり限られるじゃないですか。一般のゴルファーの方だと、なおさら練習する時間ってないと思うんですよ。だから、ウェッジを何本も練習するよりも効率的かなと思います（笑）。

わっほー　もちろんいろいろな番手を練習することも必要なんだけど、**まずは58度でしっかり技術を養う**ことが大

切だよね。

ウェッジをつくったことで、わかってきた機能

わっほー　僕たちはこれまでもいろいろなメーカーのウェッジを試しているし、その機能の違いから得たものもかなり多かったよね。

その中で、「自分はこういうものが好きなんだな」「こういう形状だと打ちやすいな」というものを追求したウェッジを自分たちでつくりました。それが『**わほまつウェッジ**』です。

まっちゃん　これ本当にめちゃくちゃ使いやすいです。

わっほー　バウンス角がかなりしっかりあって、グースも少し入っています。今はツアーでも、ローバウンスでストレートネックなウェッジを使っている選手が多いので、ちょっと変わっている形状かもしれないね。

まっちゃん　バウンスの高さはめちゃくちゃあるんですけど、幅が広いわけではないから、跳ねたりしないんですよね。グースは入っていますけど、凄くフェースを開きやすいです。

わっほー　僕も以前はストレートネックのウェッジを好んで使っていたのだけど、見た目から感じる影響で、ハンドファーストになりきれなくて、いわゆる「ポッコン」が出たりしてたんだよね。少しグースを入れることで、明らかにハンドファーストで低い球が打ちやすくなりました。

『わほまつウェッジ』

まっちゃん　『わほまつウェッジ』はバウンスがしっかりあるから、ハンドファーストで上から入れても刺さりにくいんですよね。チャックリが出たりしないので、安心して低く打ち出せます。

わっほー　ハイバウンスもそうで、特に悪いライのときに地面を滑ってくれるんだよね。バウンスがしっかりあると、ミスになりにくい。

まっちゃん　プロはもちろん違いますけど、一般的なゴルファーの方だとローバウンスのウェッジを使いこなしている人は少ない感じがします。ボールがフェー

スに上手くのっていないというか、どうしてもボールの下をくぐりやすくなりますよね。

わっほー　もちろんバウンス角だけじゃなくて、ソールの形状によっても変わるんだけどね。ローバウンスも少しソール幅が広くなるとやさしくなる。滑ってくれるからね。

まっちゃん　そのほかに、『わほまつウェッジ』の特徴ってどういうところなんですか。

わっほー　ハイバウンスなんだけど、ソールが2面になっていて、高いところの幅は狭い。その部分が「受け」になって、刺さらずに滑って当たってくれるようになってる。それが一番大きな特徴かな。

　バウンスが機能してくれるから、ミスの心配がなくなる。その結果、いろいろな球を打ち分けやすくなっています。

まっちゃん　やっぱり、フェースを開きやすいところが良い点ですよね。

わっほー　フェースを開くとリーディングエッジが浮くのを嫌がる人が多いんだけど、実際は地面を滑りやすくなるので、浮くのはむしろ良いことなんだよね。

まっちゃん　このウェッジを使っていると、アプローチが上手くなる感じがしますよ。

わっほー　ハンドファーストでボールをしっかりフェースにのせる、良い打ち方を促すようにできているからね。

　アプローチを成功させるには、何よりもウェッジの機能を活かして、そのウェッジに合う打ち方をするのが、とても大事なんだ。

まっちゃん　練習場でも、ウェッジの形状を意識しながら練習することが大事ですね。

グースが
入っていても
開きやすい!

ハイバウンスなので安心して打てる!

第3章

YouTubeチャンネル
「わっほーまっちゃんの日常」

シングルを目指すための
アプローチ技術を身に付ける

わっほー講座

実践 上級

シングルを目指そう！

動画と合わせて技術を磨こう！

MOVIE

- アゴが高いバンカーの打ち方

- 硬く湿ったバンカーの打ち方

「シングル」を目指すために！

アプローチの技を増やして難しい状況から寄せよう！

スピンをかけてグリーンに止める、みんなが憧れるロブショットなど、上級者は難しい状況から寄せるための技を持っています。上級編では、どんな状況でどんな技が必要なのか、そしてその習得法を紹介します。

アプローチの球筋を変えてみよう！

CHALLENGE!

急な左足下がり

左足下がりはボールを上げづらい難しい傾斜です。よくあるミスもボールを上げようとすることで起きるものです。基本的には、高く上げることは諦めて、低いライナー性の球で寄せるイメージをもちましょう。体重は左にかけて、左に振るとダフりにくくなります。

アプローチの技を増やそう！

スピン

ウェッジは、芯の下目でとらえるほどスピン量が増えます。逆にフェースの上に当たってしまうと、スピン量の少ないポッコン玉になります。バウンスを滑らせる打ち方ができると打点が下目にそろい、安定してスピンがかかります。

ロブ

高くボールを上げて止めるロブショットはほとんど使いませんが、ハザード超えでピンが近いときなど、ピンチのときには役立つ技です。フェースを開いて、大きな振り幅で打つので、躊躇せずにスタンスなりに振り抜くのがコツです。

上級編 CHALLENGE

高いバンカー

高いバンカーでのミスは、そのほとんどが自分で誘発しています。難しい状況だけに、力んだり、ボールを上げようとしたりして、大きくダフりがちです。アドレスで腰を低くして、フェースを開き、ボールが上がる状態をつくってから、振り切るのが大切です。

グリーンにボールを止めるために！

高い球筋のアプローチを身に付けよう

体重は5:5の配分

しっかりと体を
回転させて打つ

高い球を打とうとする際、手先でボールを上げようとする人がいますが、それでは、入射角が安定せず、トップやダフリなどの大きなミスにつながります。あくまでも体をしっかり回して、その回転に腕がついていくようなイメージをもちます。ゆったりとしたリズムで、スタンスなりにクラブを振りましょう。

CHECK

やや ハンドファーストにするのが基本ですが、高い球を打つときは少しヘッドを走らせたいところ。そこでインパクトで左手を止めるように動かします。手元が止まると、ヘッドが走り、インパクトではシャフトがより垂直に近くなります。この打ち方だと、ボールがフェースに乗り、高くてスピンも入ったコントロールされた球になります。

1
フェースは開く
2
3
左手を止めるように
4
5
フェースはやや上を向いたまま
6

まず、高い球を打つ準備として、アドレスでフェースを開きます。開くことによって、フェースが右を向いた分、オープンスタンスの度合いを大きくし、そのスタンスなりにクラブを振ることで、高い球になります。手首を積極的に使うことはなく、あくまでも体の回転主体で振り、インパクト前後では、フェース向きが変わらないように、やや上を向いた状態のまま振ります。

意外と難しい転がしアプローチ!

低い球筋のアプローチを身に付けよう

58
52
クラブ選択も考える!

スタンス幅・振り幅を
狭く・小さく!

グリーン周りでは、ボールを上げるよりも転がすことを第一に考えましょう。アプローチは基本的に、転がしてカップを狙うほうが、ミスの可能性が少なくなります。転がすアプローチでは、距離感さえつかめれば、ねらい通りにアプローチをすることができます。基本は58度のウェッジを使いますが、52度を使うと楽に転がしができます。

左足に重心をかけておくと、コンタクトがぶれる心配がなく、スイングが比較的安定します。ボールの位置は右足の前にセットしましょう。左足のほうに置くとボールが上がってしまって、上手く転がすことができなくなります。

転がすアプローチではハンドファーストに構えるのが基本です。ハンドファーストにすることによって、ボールの高さやスピン量が安定し、ダフリやトップのミスがなくなります。転がすときにミスをしないコツは、両肩とグリップで三角形をつくるようにし、肩を振り子のようにして均等に振ることです。スイング中は三角形を崩さないように意識します。

グリーン周りの急な傾斜地では…

急な左足下がりでの技術を身に付けよう

低いボールでランで寄せる!
グリーンの傾斜を狙わない!

急な左足下がりは、ボールを上げづらい難しい傾斜です。高く上げることは諦めて、低いライナー性の球で寄せましょう。球の勢いは強くなるので、手前から転がしていくイメージで打ちます。ボールを上げようとすると、ミスになりやすいので、体重は左にかけて、傾斜に沿うように左に振るとダフりにくくなります。

ダフりやすいライなので、体重は左足にかけて、ボールは右足寄りにセットし、ハンドファーストを保ちながら、傾斜なりにやや左に振っていきます。目線は低くして出球を低くすることが大切です。傾斜の分、ロフト角も減ってインパクトするので、球の勢いは強くなります。

POINT

手前にバウンドさせながら、低い球で寄せていくのが、急な左足下がりのセオリー。しかし、砲台グリーンの受けている面などに当たると、勢いが落ちて登らないことがあります。手前の平坦な箇所に落として、そこから転がすと、傾斜を登っていきます。

スピンがかかる条件を知る!

アプローチでスピンをかけてみよう

フォロースルーへと
一気に振り抜く!

スピン系のボール
アドレス時の重心は
やや左足体重

スピンをかけて止めるのはプロや上級者だけの技と思われがちです。しかし、誰が打っても必ずスピンは入っており、より強くかかるとそれだけボールコントロールがしやすくなるものなのです。意図的に強いスピンをかけることができると、ピンが近くボールを止めたい状況など、多くの場合で役立ちます。そのためにもボールはよりスピンのかかるウレタンカバーのスピン系ボールを選択しましょう。

スピンのかけ方「5つのポイント」

1. やや左足体重でのスタンス
2. ボールは右足つま先に
3. ダウンブローに振り抜く
4. ロフトは立てない
5. フォロースルーでフェースを返さない

強くスピンをかけるアプローチでは、ヘッドを加速させる必要があります。それだけでは飛びすぎてしまうので、フェースを開いてアドレスをとります。バックスイングは大きく、フォローは小さくして、ややダウンブローに打ちます。僕たちの使う裏技なのですが、インパクト直前に「キュッ」とグリップを強く握ると、さらに強いスピンがかかります。

ピンチをチャンスに変える！
ロブショットを打ってみよう

ロブショットのアドレス
下に芝があり
ソールが
滑るかを確認
フェースを
開く
スタンスは
ややオープン

ポイントはアドレスでボールが上がる状況をつくってしまうことです。ボールを左寄りに置き、フェースをしっかり開くことで高い球を打つことができます。体重配分はしっかりと右足に乗せて、開いたフェースを閉じないようにスタンスなりに振っていきます。インパクト前後では、フェースが上を向いている状態を保ちます。

ロブショットは、ボールを高く上げてほとんどランを出さずに止めるショットです。距離感を合わせるのが難しく、失敗すると大きなミスになるので、使う状況は限られてきます。障害物を超えてピンが近い状況や、２段グリーンの上のピンを狙うときなどに使いましょう。失敗しやすいショットなので、ライが良いことがロブショットを使う条件です。どうしても止めたいとき、ボールが芝に浮いていれば、ロブショット成功のチャンスです。

ゆっくりしたスイングテンポで、スタンスなりに振り抜きます。芝の下をくぐると大きなミスになるので、極端にカットに振ることはしません。ヘッドを走らせすぎると、距離感が合いにくくなるので、あくまでも体の回転で振りましょう。フォローに向かう際、フェースがずっと空を向くように左手甲側に折ることがコツです。

ゆっくりとしたスイングテンポを心がけます。体の回転でのスイングを行いましょう。

カットに打つと、ボールがフェースにのらないので、注意しましょう。フェースを開いたまま、振り抜くと、ボールがフェースにのってから高い球になり、スピンも少しかかったコントロールされた球質になります。

ピンが奥にある状況で打ってみよう

ピンを攻めづらい状況に対応する！

奥を警戒しすぎない！

低く出して転がす！

20ヤード

ピンが奥に切ってあるアプローチは、転がすスペースがある分、やさしい状況であると言えます。とはいえ、キャリーでピン近くを狙うと、グリーンオーバーするリスクがあり、おすすめできません。低く出して、手前から転がして寄せるのが簡単です。大きなミスになりにくく、グリーンの傾斜も把握しやすいので、パッティングにも良い影響があります。

POINT

ボールを低く打ち出すために、ボール位置をいつもよりかなり右側にセットします。通常のボール位置の右寄りではなく、自分の体寄りに置くのがポイントです。これがヘッド軌道に沿ったボール位置になります。

自分の体寄りに
ボールを置く

自分の
ボール位置を
見つけよう

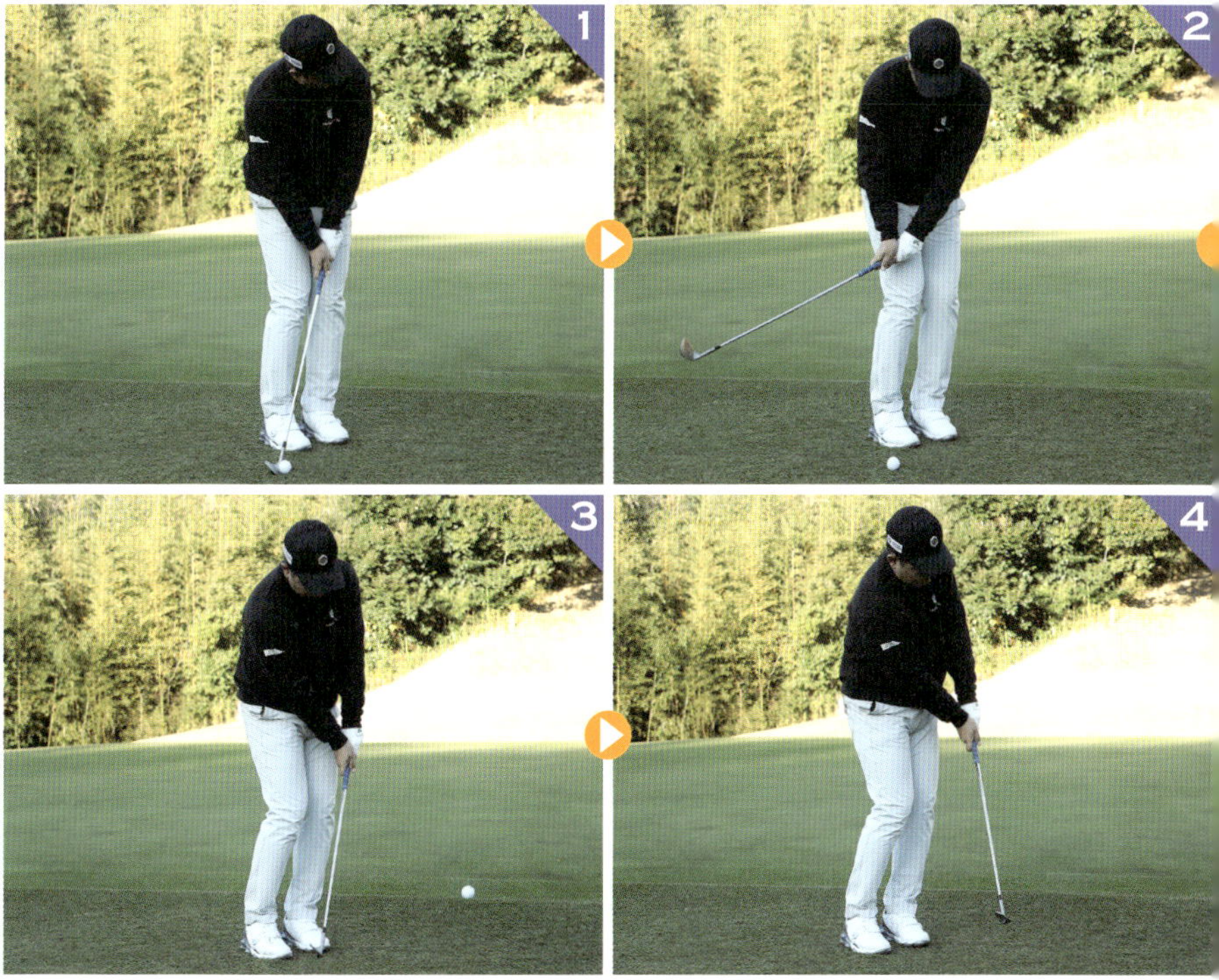
1
2
3
4

低い打ち出しで転がして寄せるには、ボール位置をより右にします。ハンドファーストは強くなり、インサイドアウトが強くなるので、フック回転がかかります。その結果、前にいく力が強くなり、ランが多めの球質になります。キャリーとランの比率は、1：1から3：2くらいを目安にしてください。

距離感をつかんで寄せる！

ピンが奥にある状況で打ってみよう

40ヤード

次のパットを打つ位置を考えよう！

フェースは開閉させる！

大きなミスになりにくく、打ち方もやさしい転がしのアプローチですが、30ヤードを超えたあたりから、難度が上がります。転がす距離が長くなると、距離感をつかむことが難しくなったり、スピンがしっかり入るのでキャリーの割にランが少なくなったりするためです。ランを見込んだアプローチで、ギュギュッとスピンがかかってしまうと、大きくショートしてしまいます。場合によっては、52度を使って転がりの強い球を打つ必要があるでしょう。

アプローチで距離を合わせるポイントは、エッジまでの距離を把握しておくことです。スロープレーに気をつけながら、エッジまでの距離を歩測しておくことはとても大切です。ピンではなくエッジまでの距離を最低限打てれば、そこから先の転がり方はクラブによって調整できるので、比較的距離感を合わせやすくなります。

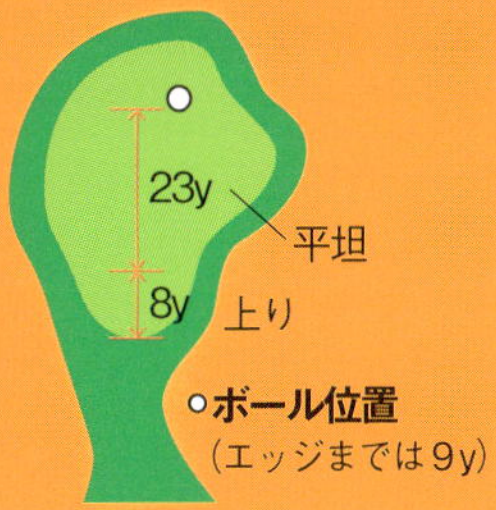

距離が長くなっても、体の回転を主体にフェースを開閉させながら打つのがポイント。右寄りのボール位置と相まって、低くてランが多めのフック回転の球筋になります。

自分の身長を超えるアゴに挑む！

アゴが高いバンカーから脱出しよう

CASE

バンカーのアゴの高さは３ｍ。すでにティーショットをミスしており、次が4打目。こんなとき、どうする？

CHALLENGE!

身長より高いアゴのバンカーは、それだけで心理的なプレッシャーがあります。ピンが近いとさらに難しく、恐怖心から緩んでしまったり、手前からすくってしまったりします。大ダフリやトップになりやすい状況です。場合によっては、バンカーからの脱出を優先することも考えましょう。

バンカーで高い球を打つポイントは、腰をしっかり低く落とすこと。砂に深く入るのを防ぎ、高い球になりやすくなります。さらにフェースを開き、ボールを少し左寄りに置くと、高い球を打つ準備は完成です。

ピンまでの距離が20〜30ヤードある場合は、それほどフェースを開かなくても高さと距離を出せるでしょう。ピンが近い場合は、ターゲットよりも左に振って、勢いを抑えた高い球を打ちます。

通常のバンカーであれば、ボール位置を真ん中にしてダウンブローに打つので、ややハンドファーストになりますが、アゴが高い場合はハンドファーストが強くなるのはNGです。インパクトで手元を止めるイメージでヘッドを走らせるのが、打ち出しから球が高くなるテクニックです。

雨上がりは要注意！

硬く湿った砂でのバンカーショット

フェースは開かない！

どう寄せよう？

雨が降って湿ったバンカーは、砂が重くなるだけでなく、見た目的にもプレッシャーのかかる状況です。砂が締まってくるので、ヘッドが弾かれる危険もあります。弾かれるのを防ぐため、フェースはあまり開かずに、砂の重さでインパクトが減速されることを想定して打ちます。距離はいつもより落ちるでしょう。ちなみに、写真のような水たまりに入れば、ルールによる救済が認められているので、上手く活用しましょう。

CHECK

湿った砂は砂が締まっているので、ソールが弾かれやすいなど、硬い砂と似たところがあります。異なる点は、湿った砂はボールが飛びにくいことと、意外とスピンがかかりやすいことです。実は、慣れるとボールを止めやすいライでもあります。

1
いつもより手前を狙う
2
3
4
砂の重みに負けないように
5
出球はいつもより低くなる
6

砂に弾かれやすいので、フェースはあまり開かず、ヘッドの落としどころはいつもよりもボールの手前にします。砂の重みに負けないように打ち込んでください。出球はいつもよりも低くなります。

～わっほーからの挑戦状～

これができれば
応用編へ

卒業検定

1
急な左足下がりからグリーンにのせる

2
30～40ヤード：ピン奥の状況で寄せる

3
硬く湿ったバンカーからグリーンにのせる

1 急な左足下がりからグリーンにのせる
10球中7球を
グリーンにのせる

上級編
CHALLENGE

ピン奥の状況で寄せる
2
30~40
ヤード
10球中7球を
ワンピンに
寄せる

硬く湿ったバンカーからグリーンにのせる
3
10球中7球を
グリーンにのせる

合格
わっほー講座

次のステージは…

応用編 VARIATION

トラブルに対応してピンに寄せよう

対談 03

わっほー×まっちゃん

YouTubeを始めたことで、応援してもらえるプロに

自分たちで勉強して、毎日動画をアップした

わっほー　YouTubeを始めたきっかけは、2020年のコロナ禍で試合などがなくなってしまったことなんです。当時、僕は会社に所属しながら、ツアープロとして試合に参戦していました。

まっちゃん　僕は研修生で、立場的にはそんなに変わってないです（笑）。

わっほー　コロナ禍で試合がなくなって、今後どうなるかもわからない状況だったし、僕も30歳を超えて若手とは言えない年齢になったので、何か次のことを考えないといけないなと思っていました。とはいえ、わりと軽い気持ちでYouTubeを始めましたね。

まっちゃん　毎日撮影して、動画を上げていましたよね。

わっほー　その頃は時間だけはあったからね（笑）。

撮影した動画を無料のアプリで編集して、本当にスマホだけでスタートしました。他のYouTube動画を見て、勉強もしましたが、ほとんどコストなしでできるので、面白いなと思いましたね。

まっちゃん　最初は動画の再生数も少なくて、人気が出るのには結構時間がかかりましたよね。

わっほー　そうだね。どんな内容だと人気が出るかとかもわからなかったので、アプローチのレッスンだったり、ラウンド動画だったり、ひたすらいろいろな動画をアップしてみたよね。

まっちゃんのクラブセッティングを公開したら、それが初めて1万回視聴を超えたんだよ（笑）。

まっちゃん　本当に何がウケるのか、わからないですよね。

わっほー　お金になればいいなと思っ

て始めたYouTubeだけど、チャンネル登録者数1000人以上とか、視聴時間などの収益化の条件をクリアするまでに半年かかりましたね。

まっちゃん でも、動画を撮るのは楽しかったですし、そこからは順調でしたよね。

わっほー そうだね。スピンをかけるアプローチのレッスンとか、人気が出た動画も出るようになって、1か月で登録者数が1万人になり、2か月で2万人になった。ちょうどYouTubeを初めて4年が経ったけど、今は13万人を超えて、僕たちの活動を知ってもらってる人も増えてきたね。

試合に出場すると応援が増えてきた

まっちゃん YouTubeを見ていただける人が増えたことで、応援してもらうことも増えてきました。

わっほー そうだね。日本プロゴルフ選手権大会に出たときは、応援に来てくれた人も多くて、以前出場したときとは、だいぶ雰囲気が違ったよね。見られていることで、変なプレーはできないなと思うし、気合も入るよね。

まっちゃん 太平洋チャレンジ2022に出たときは、80人くらい応援についていただいて、トーナメントってこんな感じなんだと感じました。緊張もしましたけど、良いプレーをしたら、凄い歓声が上がりました。

わっほー YouTubeを始めたことで、「僕たちのことをこれだけの人が応援してくれているんだ」と実感できたことはとてもありがたいことだったし、プロゴルファーとしてうれしかったね。

まっちゃん ショートコースで視聴者さんとコンペをしたり、交流する機会も増えましたね。

わっほー 僕はツアープロで、レッスンをすることもなかったんだけど、視聴してくれるゴルファーの方と回る機会が増えたことで、ちょっとしたアドバイスをすることも増えたよね。

話をしている中で、何が悩みなのかと

かを聞いているんですが、意外に思われるかもしれないけど、それが自分のゴルフにも活かせるんだよね。

まっちゃん ゴルファーの皆さんが、意外と見落としていることってあると思うんですよ。グリーンを狙うときにピンまでの距離だけを意識して、ピンの位置やエッジからの距離を気にしていなかったりとか、ハザードに届く距離でも気にせず打ったりとか。

わっほー 僕たちはターゲットを狭く明確にしてるよね。プロとの考え方の違いがわかってくると、アドバイスもしやすいし、動画のネタにもなるかな（笑）。

もっとゴルフを楽しんでほしい

まっちゃん やっぱり、ゴルフを楽しんでもらいたいですよね。ストレスを抱えてプレーしている人もいますから。

わっほー 僕たちのYouTube動画も、ゴルフを楽しんでもらうための内容だよね。アプローチの考え方とかテクニックとか、それが上手くできると楽しいし、スコアアップにもつながる。

まっちゃん クラブも最新クラブを打ってみたり、少し古いクラブを試したりして、試行錯誤しながらいろいろなことをやってますよね。

わっほー クラブを買うことが楽しい人もいるからね（笑）。でもプロは本当に繊細なところまで気にしてクラブ選びするから、そんなところも知ってもらえると楽しいかなと思うよね。

まっちゃん ゴルフは奥が深いし、やっぱり楽しいですよね。そういう雰囲気が伝わってるといいなと思います。

第4章

YouTubeチャンネル
「わっほーまっちゃんの日常」

トラブルの状況から
ピンに寄せる

わっほー講座

実践　応用

トラブルの状況こそ
技術が磨かれる！

目指せ
ベストスコア！

MOVIE

- 芝の境目のアプローチ
- ぐちゃぐちゃなライのアプローチ

トラブルをチャンスに変える！

トラブルの状況からピンに寄せよう！

初心者からプロまで、どんなゴルファーにもトラブルは付き物。バンカーでの目玉や上げにくい状況、フェアウェイとラフの境目、風や雨の悪天候など、状況は数え切れません。そんなときでも、乗り越えられるテクニックと考え方を伝授します。

目玉

砂にボールが完全に埋まってしまった状況の目玉は、バンカーの砂が柔らかいときに起こります。ボールを砂ごと掻き出していくような打ち方をするのがセオリーですが、ちょっとした工夫が脱出を後押ししてくれます。

トラブルを乗り越えてベストスコアを目指す！

左足下がり

左足下がりのバンカーは、ボールが上げにくい難しい状況です。基本的には打ち出しは低くなるので、まずはバンカーのアゴをクリアすることを考えましょう。ピンが近い場合は、リスクを負って高く上げる球を打つ選択もアリです。

トラブルの状況を的確に見極めよう！

CHALLENGE!

ラフとの境目にボールが止まっている状況では、ボールとフェースの間に芝が挟まるのを避けることはできないので、それを加味して打つしかありません。スピンはかかりにくく、ランが多くなるのでそれを計算して打ちます。

応用編 VARIATION

バンカーや池越えなどのハザード超えのアプローチでは、心理的な影響も無視できません。いつもと同じ打ち方を心がけて、確実にグリーンにのせましょう。ピンが近いときは、より高く上げることも必要になります。

「目玉」のピンチをチャンスに変える！

目玉になったときのバンカーショットの打ち方

ボールが深く砂の中に埋まってしまう「目玉」の状態。通常のエクスプロージョンショットでは脱出することができず、スピンもかからないので、とても難しいライです。しかし、脱出だけであれば、わっほー流のテクニックで簡単に成功させることができます。

CHECK

この打ち方は「目玉」専用の特殊な打ち方です。フェースを極端に閉じる構えをつくったら、あまり深く考えずに思い切って砂に打ち込んで、振り切ってみましょう。驚くほど軽い手応えでボールが「目玉」から脱出します。

1
腰を落とす
2
難しいことは考えず…
3
ボールの手前にクラブを入れる
4

POINT
「10時」を向くくらいフェースを閉じる

まず、構えの段階でフェースを極端にかぶせてグリップします。時計で例えるとトウが「10時」を向くくらい大胆にフェースを閉じましょう。そのままボールの手前にヘッドを入れると、クラブを振った方向にボールを飛ばすことができます。なぜ、そうなるのか説明しづらいのですが、「目玉」専用のテクニックです。

難易度MAXの状況を楽しむ！

左足下がりのときのバンカーショットの打ち方

POINT
傾斜なりにアドレスをとる！
左足は砂に埋めるくらい！

バンカーからだと左足下がりはさらに難しくなります。基本的にボールは上がりにくいので、出球が低くなることを想定しながら打ちます。手前にダフりやすいライなので、左足にしっかりと体重をかけて、傾斜なりに振っていくことが必要です。フェースはしっかりと開き、ボールの高さが確保できるようにしましょう。

左足下がりのバンカーショット「5つのポイント」

1. 傾斜なりに立つ
2. 左足は砂に埋めるくらい踏む
3. フェースをしっかり開く
4. ややオープンに構えて、傾斜なりに振る
5. インパクトで左手を止めるイメージ

基本的にボールが上がりにくいライですが、どうしても上げたいときは、フェースの開き具合とオープンスタンスの度合いを大きくします。インパクト手前で左手を止めるようなイメージをもち、砂の中でヘッドを走らせると、高くて柔らかいボールを打つことが可能です。

ラフが気になって打ちづらい！

ラフとフェアウェイの境目からの打ち方

上からクラブを
入れるイメージ
ボールは
右足寄り
ボールの先を
めがけて打つ！

夏

冬

見た目にも嫌な感じのする「ラフとフェアウェイの境目」は、どうしてもボールとフェースの間に芝が挟まるので、距離感を合わせるのが難しいライです。あまり意識するとチャックリのミスも出やすくなります。できるだけボールにコンタクトしやすくするため、ボールを右足寄りに置き、ボールの先にクラブを落とすイメージで打ちます。

CHECK

転がすスペースがあれば、ボールを右足寄りにして上からクラブを入れ、低く打ち出すのが確率の高い打ち方になります。ボールを上げる打ち方も可能ですが、大きなミスのリスクが上がることは覚えておきましょう。

1
右足寄りに
ボールを
セット
2
3
4
直接、
ボールに
コンタクト
5
基本は
「転がし」
6

どうしても高い球が必要な場合は、フェースを開いてヘッドを走らせるように打ちます。インパクト前に左手を止めて、ややハンドレイトにボールをとらえることで、勢いを抑えた柔らかい球になります。

ボールがディボットに入ったときの打ち方

ディボットも恐れず、自信をもつ！

ディボットからのアプローチは難しいですが、ディボット内の先や中央であれば、ヘッドを入れるスペースがあるので、十分攻略できます。ボール位置を右寄りにして、上からダウンブローでとらえます。まず直接ボールに当てることを優先します。ボールは低く飛び出すので、手前から転がりで攻めるイメージをもちましょう。

ディボットからは、ボールを右寄りにセットすることが大切。入射角は鋭角に上からボールをとらえます。グリップは抵抗に負けないよう、インパクトでしっかり握ります。

ディボットからのアプローチでも、大事なのはライの確認。ディボットの手前にボールがある場合は、クラブが入る隙間がないので非常に難しい状況になります。ロフトが立っているクラブで前に飛ばし、ラン多めの球筋で狙います。

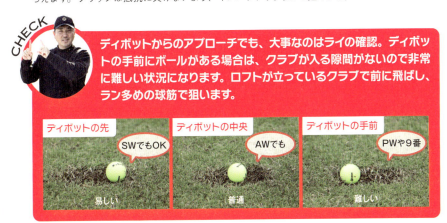

ポイントはボールの落としどころ!

バンカー越えでライが悪い状況での打ち方

良いライ
浮かせて止める

悪いライ
まずは…
グリーンにのせる!

すべてのアプローチで言えることですが、アプローチを成功させるためには、まずライの確認が大事です。芝が薄いのか、埋まっているのか、順目・逆目などそのライに合った打ち方を選択しなければいけません。バンカー越えでもまず大事なのはライの確認。悪いライであれば、リスクを犯さずに確実にのせることを考える必要があります。ダフってバンカーに落としては最悪です。

良いライ
ラフで
浮いている

悪いライ
土にやや
埋まっている

悪いライではまずクリーンにコンタクトすることが大事。ボールは右寄りでダウンブローに打ちます。ボールを上げるのは難しくなります。ライが良ければ、積極的にピンを狙っていきましょう。

POINT

バンカー越えで一番良くないミスは、手前のバンカーに入れてしまうこと。ライが悪ければ、ギリギリを狙って落とすのはリスクが大きくなります。場合によっては、ピンからは離れてしまいますが、グリーンの広いところを狙って、のせることを優先しましょう。

安全に広い
ところを
狙う
そこから
2パットを
目指そう

雨や風が強いときのアプローチで意識すること

雨が強いとき

濡れたくないな…

CASE
ピンまで15ヤードの花道。雨はやや強め。

一定のリズムで！

雨や強風など、悪天候を苦手にしているゴルファーは多いですね。プロは風はともかく、雨はそんなに苦にしていない選手が多いです。その理由はグリップを強く握っていないから。雨だと滑りそうになりますが、むしろ弱く握って指で引っかけるように使うのがポイントです。実はこれ、晴れている日でも重要なことなんです。

風が強いとき
フォロー？
アゲンスト？
CASE
ピンまで30ヤードの花道。風はかなりの強風。

クラブは大きめの番手で
ボールは低く出す！

POINT

風が吹いている場合もあまり特別なことはしません。とはいえ、ボールを高く上げたくはないので、大きめの番手で低く打つのがポイント。特にアゲンストや横風が強いときは低く出しましょう。2～3mの少しの風でも半番手くらいの距離の差はあります。風を過小評価せず、打つ前にしっかり計算します。ラフから打った球はスピンが少なく、不安定になるので大振り禁物です。

ぐちゃぐちゃのライで意識すること

芝の量と
湿っている状態を
確認する

52度のウェッジで
ダウンブローに打つ！

雨後や朝露などで湿っているライは、芝の抜けが悪くなり、球を飛ばしにくい状況です。バウンスが滑る機能も利きづらくなるので、クリーンにボールをコンタクトするため、ボールを右寄りにセットして、ダウンブローで打ちます。

ぐちゃぐちゃのライ「5つのポイント」

❶ 芝の量と湿っている状態を確認
❷ 52度などロフトが立ったクラブを使う
❸ ボールは右寄りに
❹ やや左体重にする
❺ ダウンブローで低く打ち出す

抜けが悪いライなので、ロフト角が寝ていると難しくなります。PWや52度を使って低い球で転がして寄せましょう。ボールの先の芝を取るくらい上からハンドファーストに打ちます。いつもより球の勢いは遅くなります。

これができれば
ついに卒業

~わっほーからの挑戦状~

卒業検定

1
目玉のバンカーからグリーンにのせる

2
左足下がりのバンカーからグリーンにのせる

3
バンカー越えからピンに寄せる

1 目玉のバンカーからグリーンにのせる
10球中9球をグリーンにのせる!

応用編
VARIATION

左足下がりのバンカーからグリーンにのせる
2
10球中8球を
グリーンにのせる!

バンカー越えからピンに寄せる
3
10球中8球を
ワンピンに
寄せる!

合格
わっほー講座

これですべてのミッションをクリア!
さあ! あとはラウンドで実践

〜わっほーからの挑戦状〜

これまでを
振り返ろう！

卒業検定早見表

初級編

1	30ヤードからのアプローチ	10球中7球をワンピンに寄せる！
2	50ヤードからのアプローチ	10球中5球をワンピンに寄せる！
3	順目のラフからのアプローチ	10球中5球をワンピンに寄せる！

中級編

1	バンカーから確実に脱出する	10球中8球を脱出させる！
2	左足上がり・左足下がりのアプローチ	各5球中3球をワンピンに寄せる！
3	逆目のラフからのアプローチ	10球中7球をワンピンに寄せる！

上級編

1	急な左足下がりからのせる	10球中7球をグリーンにのせる！
2	ピン奥の状況で寄せる	10球中7球をワンピンに寄せる！
3	硬く湿ったバンカーからのせる	10球中7球をグリーンにのせる！

応用編

1	目玉のバンカーからのせる	10球中9球をグリーンにのせる！
2	左足下がりのバンカーからのせる	10球中8球をグリーンにのせる！
3	バンカー越えからピンに寄せる	10球中8球をワンピンに寄せる！

岩男健一（わっほー）

PGA トーナメントプレイヤー

1987 年生まれ。14 歳でゴルフを始め、高校卒業後、太平洋クラブ成田コースに研修生として入社。21 歳のときに日本プロゴルフ協会トーナメントプレーヤーの資格をとる（2008 年入会）。2013 年に日本オープンゴルフ選手権でトーナメントデビュー（レギュラートーナメントには 10 戦出場）。2020 年 4 月 YouTube「わっほーまっちゃんの日常」を始め、チャンネル登録者数 13.2 万人（2024 年 8 月現在）。トーナメント出場を目指し、ゴルフと YouTube に奮闘中。

YouTube チャンネル
「わっほーまっちゃんの日常」

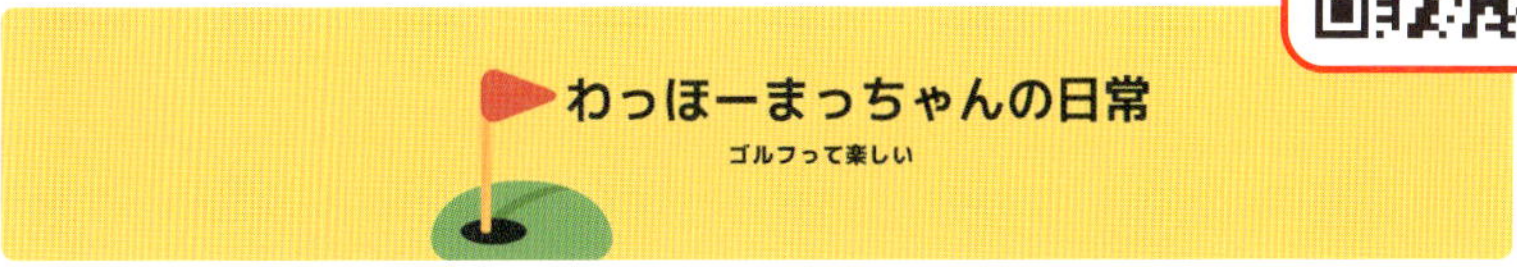

https://www.youtube.com/@wahomatsu

チャンネル登録者数 13.2 万人。わっほーとまっちゃんが、何よりも楽しむことをモットーに、普段のゴルフの練習風景や活動などを動画にしています。たまに真面目なことも喋るかもしれないですが、ほとんどはしゃいでいるだけです。この動画を見て少しでも皆さんが笑顔になっていただければうれしいです。

松本雄友（まっちゃん）

［所属］太平洋クラブ成田コース

1996 年生まれ。小学校 4 年生でゴルフを始め、中学 2 年生のときに本格的にプロを目指す。千葉学芸高等学校ではゴルフ部に所属し卒業後、太平洋クラブ成田コースの研修生になり、プロテスト合格とトーナメント出場を目指す。2020 年 4 月 YouTube を岩男健一プロ（わっほーさん）と始めチャンネル登録者数 13.2 万人（2024 年 8 月現在）。2022 年「太平洋クラブチャレンジトーナメント」 ABEMA ツアー初出場を果たす。

[撮影協力] **太平洋クラブ成田コース**

[住所] 〒286-0125 千葉県成田市川栗 240　[tel] 0476-35-8820

[ホームページ] https://www.taiheiyoclub.co.jp/course/narita/

アメリカ東海岸の名門コースを思いおこさせるインターナショナルフィーリングを感じさせるコース。アスリートゴルファーも絶賛する、名物の“成田アーメンコーナー No.13 ~ 15”は、あるがままのクリークと森を巧みに利用しています。上級者からアベレージゴルファーまで、挑戦意欲をかきたたせるレイアウトです。

Special Thanks

[構成執筆]　コヤマカズヒロ
[写真撮影]　佐藤博之
[装丁デザイン]　中濱健治
[撮影協力]　太平洋クラブ成田コース
[取材協力]　プルーフコーポレーション
ダンロップスポーツ株式会社

[編集担当]　近藤智昭（東洋館出版社）
[営業担当]　宮良里紀（東洋館出版社）

わっほー・まっちゃんと学ぶ!

アプローチ技術のすべて

コースで役立つ状況別アプローチメソッド

2024（令和6）年9月9日　初版第1刷発行

著　者　岩男健一
発行者　錦織圭之介
発行所　株式会社　東洋館出版社
〒101-0054 東京都千代田区神田錦町2丁目9番1号
コンフォール安田ビル2階
代　表 TEL：03-6778-4343　FAX：03-5281-8091
営業部 TEL：03-6778-7278　FAX：03-5281-8092
振替 00180-7-96823
URL　https://www.toyokanbooks.com/

［構成執筆］コヤマカズヒロ
［撮影モデル］松本雄友
［装丁・デザイン］中濱健治
［イラスト・画像］PIXTA（show999 ／ takashi355 ／ AKO）
［組版］株式会社明昌堂
［印刷・製本］株式会社シナノ

ISBN978-4-491-05623-4　Printed in Japan